에너랜드
서비스
스토리

에버랜드 서비스엔 뭔가 특별한 것이 있다

고객감동의 비결

에버랜드 서비스 스토리

에버랜드 지음

KMAC

CONTENTS

발간사   006

PROLOGUE
최고의 서비스는 하루아침에 만들어지지 않는다   008

CHAPTER 1

Design happiness
우리는 고객과 직원의 행복을 디자인한다

1. 에버랜드만의, 에버랜드다운 서비스 철학을 세우다   012
2. 디자인의 전제는 실행이다   024

CHAPTER 2

Wowing Constantly
지속가능성은 고객의 감탄과 놀라움에 있다

1. 고객 자신도 모르는 고객의 기대를 찾아라   038
2. 기본과 원칙이 탄탄해야 제대로 된 서비스가 자란다   052
3. 세심한 배려로 경험의 몰입을 높여라   068
4. 나홀로 성장은 없다, 멀리 가려면 함께 가라   080

CHAPTER 3

Cast Partnership
내부 고객과의 파트너십이 성장의 중심이다

1. 캐스트의 역량을 분석하고, 내재화하다   096
2. 서비스도 자기주도 학습이 필요하다   114

CHAPTER 4

Leading Change
변화에는 민감하게, 준비는 기민하게

1. 고객의 목소리에서 배운다   126
2. 서비스도 R&D가 필요하다   140

CHAPTER 5

Happily ever after, Together
내일보다 먼 미래를 그려라

1. 시대의 파도에 올라타라   154
2. 언제나 인간과 자연의 공존을 염두에 두라   166
3. 정원 콘텐츠로 고객에게 힐링과 새로움을 선물하다   180
4. 지속가능 경영은 고객만족의 출발점이다   194

APPENDIX

KCSI 최장기 연속 1위의 의미   206
고객만족 여정 약사(略史)   210
숫자로 보는 에버랜드 이야기   212

EPILOGUE

변화하고 혁신하며 고객과 함께 성장하다   222

발간사

에버랜드가 KCSI 30년 연속 1위의 영광을 안은 데 대해 삼성물산 리조트 부문 모든 임직원을 대표해 깊이 감사드립니다. 에버랜드가 오랜 시간 변함 없이 고객만족도 1위를 달성할 수 있었던 배경에는 고객들의 지속적인 성원과 더불어 고객만족 경영을 위한 서비스 철학이 자리하고 있습니다.

국내 서비스 대표기업으로서 에버랜드는 지난 1994년 서비스 전문 교육기관인 '서비스아카데미'를 개원한 이래 지금까지 수십만 명의 교육생을 배출하며 우리나라 서비스 문화를 발전시켜왔습니다. 특히 2014년에는 서비스아카데미 개원 20주년을 맞이해 '디자인 해피니스(Design Happiness)'라는 새로운 서비스 철학을 발표했습니다.

'디자인 해피니스'란 에버랜드가 고객에게 제공하는 가치를 '행복(Happiness)'으로 정의하고, 이를 실현하는 행동을 '디자인(Design)'으로 표현해 '행복을 만드는 사람들'이란 뜻을 담고 있습니다. 이처럼 고객과 직원 모두의 '행복'을 최고의 가치로 삼아 혁신과 변화를 꾸준히 꾀하는 것이 에버랜드 고객만족 경영의 핵심 경쟁력이라고 할 수 있습니다.

에버랜드는 이러한 서비스 철학을 바탕으로 강점인 다양한 자연 콘텐츠를 강화하고 다채로운 놀이시설과 프로그램을 개발해 고객에게 잊지 못할 추억과 감동을 선사하며 고객만족을 위해 노력하고 있습니다.

그동안 한국 최초의 워터파크인 캐리비안베이 개장을 비롯해 국내 꽃 축제의 효시가 된 장미축제, 국내 유일의 판다 체험공간인 판다월드, 테마파크 업계 최초로 넷플릭스와 협업한 다양한 체험 콘텐츠 등 끊임없이 새로운 시도를 하며 숱한 국내 최초, 최고의 기록을 만들어왔습니다.

1976년 자연농원으로 문을 열어 국내 여가문화를 창조하고 서비스산업을 선도해온 지난 시간, 에버랜드가 내디딘 발걸음은 무엇이든 새로운 도전이었고, 대한민국 서비스산업의 역사가 되었습니다.

로봇, 인공지능 등 기술의 발전이 서비스산업에도 새로운 변화와 도전을 요구하고 있는 지금, 에버랜드도 이러한 변화를 수용해 기술 기반의 서비스를 선도하고, MZ세대 등 고객 선호도 변화에 대응할 수 있는 콘텐츠를 구성해 고객 몰입의 경험을 극대화할 수 있도록 끊임없이 노력할 것입니다. 고객의 소리도 더욱 적극적으로 경청해 다각도로 분석·활용함으로써 혁신적인 고객만족 요소를 지속적으로 발굴하겠습니다.

변화의 중심에는 늘 고객이 있었습니다. 에버랜드는 이번 KCSI 30년 연속 1위라는 타이틀에 자만하지 않고 고객 삶에 휴식과 충전의 시간을 제공하며, 고객만족을 위한 서비스 경영을 더욱 강화해나가겠습니다.

삼성물산 리조트부문

대표 **정해린**

PROLOGUE

최고의 서비스는
하루아침에 만들어지지 않는다

한국능률협회컨설팅(KMAC)은 해마다 국내 대표 기업들을 대상으로 고객만족도(KCSI, Korean Customer Satisfaction Index)를 조사한다. 에버랜드는 종합레저시설 부문 조사가 시작된 1995년부터 올해까지 줄곧 1위를 차지했다. 서비스 업계 최초로 '30년 연속 1위'라는 대기록을 세운 것이다.

에버랜드의 서비스 전문성은 그 역사가 깊다. 1994년 국내 기업으로는 처음으로 사내에 서비스 전문 교육기관인 서비스아카데미를 개원했고, 외부에까지 교육을 확장해 '친절서비스'를 확산시켰다. 고객만족 경영이나 고객서비스가 지금처럼 중시되지 않던 시절, 서비스 문화를 선도하며 고부가가치 산업으로 끌어올린 것도 에버랜드가 거둔 성과 중 하나다.

그럼에도 30년이라는 긴 세월 동안 변함없이 서비스 명문 기업의 자리를 지키는 것은 쉬운 일이 아니다. 그만큼 한자리에 안주하지 않고, 끊임없이 변화하고 혁신하며 고객의 니즈에 빠르게 대응했다는 의미이기도 하다.

그중에서도 가장 주목할 만한 노력은 '디자인 해피니스'라는 서비스 철학을 수립, 고객의 행복을 위해 전 구성원이 힘을 모으는 한편, 각종 교육 및 제도를 통해 우수한 서비스 인력을 양성한다는 데 있다. 또한, 직원들이 기쁜 마음으로 고객에게 자발적인 서비스를 실천할 수 있도록 내부고객의 행복에도 관심을 기울인다. 현장의 목소리를 신속하게 반영하며, 직원들의 창의성과 자율성을 존중하는 문화를 만들기 위해서도 노력한다.

단순히 시장 변화에 대응하는 것에서 그치지 않고 서비스 철학을 업그레이드함으로써 새로운 서비스 트렌드를 만들며, 업계에 확산시키는 일도 게을리 하지 않았다. 에버랜드가 국내 서비스산업을 상향 평준화시키는 데 기여했다는 평가를 받는 것도 그 때문이다.

에버랜드는 지금까지 꾸준히 탁월한 서비스를 제공하고, 혁신을 통해 고객이 원하는 바를 발빠르게 반영하며, 자체적으로 높은 기준을 설정해 업계 전반의 발전을 이끌어왔다. 이런 과정을 통해 강력한 브랜드 파워를 확보했다.

특정 브랜드에 대한 긍정적인 이미지나 호감은 고객 충성도와 연결돼 다시 브랜드의 영향력을 강화하는 선순환이 이루어진다. 이러한 고객의 지지를 바탕으로 에버랜드는 계속 다양한 시도를 할 수 있었고, 이는 다시 혁신을 통한 새로운 경험, 새로운 수준의 고객만족으로 이어졌다. 따라서 테마파크뿐만 아니라 국내 서비스산업에서 에버랜드의 영향력은 더욱 커지고 공고해졌다.

그렇다면 이 성과를 만든 구체적인 비결은 무엇일까? 그 질문에 답하기 위해 에버랜드 서비스의 비결을 한 권의 책에 담았다. 하루가 다르게 변화하는 시대, 고객 서비스의 방향을 고민하는 기업과 조직이 참고할 만한 자료가 되기를 바란다.

CHAPTER 1

Design Happiness

우리는
고객과 직원의
행복을
디자인한다

1

에버랜드만의, 에버랜드다운 서비스 철학을 세우다

Voice of Customer

오래전에 둘째가 범퍼카를 타려다 키가 안 돼서 못 탄 적이 있습니다. 아이는 속상해서 엄청 울었죠. 그런데 그때 김영은님이 젤리와 함께 약속카드를 주시면서 "밥 많이 먹고 잘 자고 쑥쑥 커서 이 카드 들고 오면 꼭 1등으로 태워주겠다"고 약속해주시자 아이가 울음을 그쳤습니다. 그 후 오랜만에 에버랜드에 왔는데, 우연히 김영은님을 마주쳤어요. 당연히 저희를 기억하지 못할 줄 알았는데 먼저 웃으시면서 "라율이 맞죠?"라고 물어서 남편도 저도 깜짝 놀랐습니다. 에버랜드는 하루에 수백, 수천 명이 올 텐데 어떻게 이름을 기억했을까요? 그 다음엔 하루 종일 비 오는 날 에버랜드를 방문했는데 아이가 춥다고 칭얼거리며 힘들어했어요. 그때 김영은님을 또 만났어요. 이번에도 역시 젤리와 사탕을 주며 이름도 불러주시고 반갑게 인사해주셨습니다.
"라율이 공주님, 코끼리가 출발합니다!"라는 멘트까지 해주셔서 저희 아이의 에버랜드 행복은 그날도 이어졌습니다.

노부부 단 두 명의 고객을 위해
놀이기구를 운행하다

연간 700만 명이 넘는 사람들이 찾는 에버랜드에는 서비스에 감동한 고객들이 보내온 사연들이 가득하다. 그중에서도 영하 14도 혹한에 폭설까지 쏟아지는 악천후에도 기차와 버스를 갈아타고 에버랜드(당시 자연농원)를 찾아온 노부부 단 두 명을 위해 조기 폐장하지 않고 놀이기구와 사파리, 음식점을 모두 정상 운영한 일은 에버랜드 서비스의 전설적인 사례로 꼽힌다.

'도움을 요청하지 않아도 먼저 다가와 웃는 얼굴로 문제를 해결해주었다', '엄청나게 밝은 안내와 연출로 긍정적인 에너지를 전해주었다', '급박하고 당황스러운 순간에도 침착하게 대처했다' 등 에버랜드의 고객 서비스를 경험한 고객들이 전하는 칭찬은 해마다 역대 최다 건수를 갱신하며 차곡차곡 쌓이고 있다.

에버랜드의 감동 사례를 접한 사람들, 특히 기업에서 고객 서비스를 고심하는 이들은 '어떻게 그렇게 할 수 있느냐'고 묻는다. 에버랜드 고객 서비스가 이토록 훌륭하게 성장한 비결은 앞으로 이야기할 여러 가지 교육과 프로세스 개선, 에버랜드만의 조직문화와 혁신을 위한 지속적인 노력 등이 총체적이고 종합적으로 어우러진 결과이다. 그중 가장 중요한 것을 꼽으라면 기업만의 서비스 철학을 세워 구성원과 공유하는 일이다.

어떤 기업이든
서비스 철학이 필요하다

1980년대 이전 제조 기업들이 소비자보다 우위에 있을 때에는 고객 서비

1976년 자연농원 개장 당시 전경

스, 고객만족이 그다지 중요하지 않았다. 그러나 재화 생산이 상향 평준화되고 시장의 경쟁이 치열해지면서 소비자가 누릴 수 있는 선택의 폭이 극단적으로 넓어졌다. 다양한 고객만족지수(CSI: Customer Satisfaction Index)가 등장했고 소비자들의 기대치도 높아졌다. 서비스에 만족한 고객은 재방문율이 높고 더 나아가 단골 고객, 팬이 될 수 있다는 인식의 확산과 함께 업종을 막론하고 고객 서비스는 중요한 가치가 되었다.

하지만 단순히 서비스를 통해 고객만족도를 올리기란 쉽지 않다. 이는 '정형화된 형태가 없고, 제품처럼 만지거나 눈으로 볼 수도 없는' 서비스의 특징에 기인한다. 같은 서비스라도 서비스를 제공하는 사람과 이용하는 사람의 상황에 따라 만족도도 달라진다.

이 같은 서비스의 특성을 고려해야 하기에 서비스 혁신과 고객만족은 매우 까다롭다. 이 난제를 뜬구름 잡는 피상적인 구호로 표현한다면 서비스를 통한 고객만족 달성은 더더욱 어려운 일이 된다.

이 때문에 '서비스 철학'을 세우고, 명확한 표현으로 구성원과 공유하는 것은 고객 서비스를 고민하는 기업이 우선적으로 고려해야 할 과제다.

서비스 철학은 에버랜드처럼, 간결하고 명확하게

결국, 서비스 기업의 궁극적인 목표는 고객이 만족할 수 있는 최적의 경험을 제공하는 것이다. 그 바탕에는 반드시 기업이 지향하는 가치가 내재돼 있어야 한다.

그리고 이렇게 세워진 기업의 고객 서비스 철학은 구성원들에게 최대한 명징하고 간결하게 전달되어야 한다. 경영진과 구성원의 중지를 모아 적확한 서비스 철학을 수립하는 것도 쉽지 않은데, 이를 굳이 단순한 언어로 표현해야 하는지 의문을 제기할 수도 있다. 한편으론 서비스 철학에 관한 매뉴얼만 잘 만들어 공유하면 된다고 생각할 수도 있다.

임직원들은 각자 자신의 자리에서 늘 크고 작은 선택을 하게 된다. 이런 선택의 상황에서 한두 마디로 간결하게 정리된 서비스 철학은 누가 일일이 알려주지 않아도 임직원들이 어떻게 행동해야 할지를 직관적으로 깨닫게 해준다.

아무리 서비스 철학에 대한 상세한 해석과 구체적인 수백 가지 상황에 대한 매뉴얼이 있다고 가정한들 아이가 어트랙션을 타지 못해 속상해하는 상황에서 일일이 매뉴얼을 찾아 대응할 수 있을까? 우는 아이를 달래기 위해 담당자가 매뉴얼을 뒤져야만 한다면 앞서 소개한 고객의 진심 어린 칭찬과 감사 메시지는 기대도 할 수 없을 것이다.

에버랜드의 서비스 철학은 '디자인 해피니스(Design Happiness)'다. 우리말로는 '행복을 만드는 사람들'로 표현한다. 여기에는 에버랜드가 고객에게 제공하는 가치와 에버랜드 구성원이 어떤 방식으로 이를 제공하는지가 명료하게 표현되어 있다. 세심한 배려에 대한 감사, 예상치 못한 서비스로 인한 감동,

---

에버랜드 서비스 철학 변화 과정

1994	1996	2002	2014
서비스아카데미 개원	윈-윈 서비스 철학 제정	수·다·재 서비스, 핸드롤링 인사 도입	'Design Happiness, 행복을 만드는 사람들' 서비스 철학 제정

어트랙션을 기다리며 느낀 흥겨움, 밝은 인사와 안내에서 얻는 에너지 등은 모두 '행복'이라는 에버랜드의 가치 안에 있다.

'디자인'은 고객에게 어떻게 행복을 전할 것인가에 대한 방법론을 제시한다. 고객에게 행복을 '제공'하거나 고객을 '모시는' 방식이 아니라 '디자인'을 통해 고객이 행복을 경험하도록 하는 것이 핵심이다.

이러한 에버랜드의 서비스 철학과 의미를 알고 나면 첫 장의 고객 칭찬 사례가 어떻게 나왔는지를 이해하기 쉽다. 고객 접점에 있던 직원은 어린이 고객의 속상한 마음에 공감했고 '디자인'이라는 큰 방법론 안에서 자율성과 자발성을 가지고 '약속카드'라는 방법을 떠올린 것이다.

윈-윈(win-win) 서비스
고객만족의 선순환을 만들다

에버랜드는 1994년 서비스아카데미(현 '경험혁신아카데미'로 명칭 변경)를 개원하며 보다 적극적으로 고객 서비스에 나섰다. 당시에는 호텔과 항공사 같은 특정 업종에서만 전문적인 '서비스'를 제공한다는 인식이 컸다.

에버랜드는 서비스아카데미를 통해 테마파크에 처음으로 고객 서비스 개념을 도입했다. 하지만 기존 서비스 업계에서 흔하게 쓰던 '고객은 왕이다'라는 구호 대신 에버랜드만의 서비스 콘셉트를 찾고자 했다. 그렇게 나온 것이 1996년 수립된 윈-윈 서비스 철학이다. 고객만족이 곧 에버랜드 임직원의 만족이 되고, 직원들이 만족스러워야 고객에게도 좋은 서비스를 제공할 수 있다는 '고객만족의 선순환'은, 지금은 당연한 전제가 되었지만 당시만 해도 무척 파격적인 발상이었다.

고객만족의 선순환(善循環)

이때 강조한 내용이 바로 '친절 5대 항목'이다. 친절한 서비스의 기본 항목으로 인사, 표정, 용모, 자세, 대화를 선정하고 서비스 접점 직원들이 이를 잘 실천할 수 있도록 체계적인 교육을 진행했다. 또 서비스아카데미를 통한 지속적인 서비스 교육, 임원 국제화 매너 교육, 식음, 상품 등 전문 직종 직무 교육이 이루어졌다.

직원 교육과 별개로 고객만족을 위한 다양한 형태의 서비스 제도도 도입했다. 유형별 고객 분석을 통해 고객의 기대와 요구를 사전에 만족시키는 'ThankQ' 서비스, 고객 불만이 제기되거나 문제점이 발견된 업장의 영업을 즉시 정지하는 '드롭 커튼', 서비스 수준이 부족한 직원을 현장에서 퇴장하게 한 후 서비스아카데미에 입소시켜 재교육하는 '오프 스테이지' 등이 대표적 사례다.

차별화된 고객경험을 위한
수·다·재 서비스의 등장

시간이 흘러 기업들이 고객 서비스의 중요성을 인식하기 시작하면서 에버랜드의 고객 서비스는 점차 일반화되기 시작했다. 고객 서비스의 상향 평준화가 이루어진 것이다. 에버랜드는 이제 고객이 일반적으로 기대하는 정중하고 공손한 서비스에서 나아가 테마파크에 특화된, 차별화된 서비스를 고민했다.

그 결과물이 2002년 등장한 '수·다·재' 서비스다. '수다스런, 다가가는, 재미있는 서비스'의 줄인 말로, 감성 연출을 통해 차별화된 고객경험을 제공하는 데 초점을 맞추었다. 이를 통해 에버랜드의 서비스는 새로운 단계로 도약했다.

수·다·재 서비스는 고객과 직원이 함께 즐겁고 신나는 분위기 속에서 파크를 만끽하고, 고객이 일상을 벗어난 체험을 할 수 있도록 에버랜드만의 독특한 서비스를 발굴하는 것을 목표로 했다. '고객을 맞을 때 허리는 몇 도로 굽히고 미소는 어떻게 지어야 하는지' 등을 중시하던 기존의 정형화된 친절 서비스 대신 직원들이 즐겁게 업무를 수행하면서 편안하고 자연스러운 서비스를 제공하는 단계로 이행한 것이다.

이때 도입한 것이 바로 얼굴 높이에서 손을 흔들며 밝게 인사하는, 에버랜드의 시그너처가 된 '핸드롤링' 서비스이다. 서비스 도입 단계에서는 '예의를 중요하게 여기는 우리 문화에서 허리를 굽히지 않고 손을 흔드는 인사가 잘 받아들여질까'라는 우려의 목소리도 있었다. 그러나 서비스 차별화가 필요하다는 것을 인식한 경영진이 솔선수범해 직원들에게 핸드롤링 인사를 하는 등 적극적인 확산 노력으로 핸드롤링은 에버랜드를 대표하는 서비스 상품이 되었다. 이후 많은 기업이 벤치마킹함으로써 서비스 업계 전체로 퍼져 나갔다.

더불어 어트랙션 접점 직원들의 엔터테인먼트 연출 서비스인 '매직 스펠'을 비롯해 고객의 마음과 불편을 먼저 알아차리고 다가가는 다양한 참여형 서비스를 선보였다.

임직원이 다 함께 참여해 완성한 서비스 철학, 디자인 해피니스(Design Happiness)

이후 2014년 에버랜드가 서비스아카데미 20주년을 맞아 발표한 새로운 서비스 철학이 바로 현재까지 이어져 오고 있는 '디자인 해피니스'다. 디자인 해피니스는 에버랜드가 '서비스 마인드를 갖춘 분야별 전문가 집단'이라는 인식에서 시작됐다. 어트랙션, 동물원, 정원 등 각각의 분야에서 전문성을 발휘하고 있는 구성원들이 서비스 마인드를 바탕으로 고객에게 제공하는 멋진 경험을 '행복'으로 개념화한 것이다.

여기서 디자인은 고객가치를 실현하는 구체적인 행동을 의미한다. 흔히 고객 서비스는 접점 직원들만의 업무 영역으로 생각하기 쉽다. 하지만 그 서비스가 만들어지기까지, 고객의 편의와 만족을 위해 노력하는 수많은 지원부서가 있다. 고객들의 입장이나 대기 시간을 단축시키는 프로그램을 개발하는 IT 전문가, 정원을 가꾸는 식물 전문가, 동물을 정성껏 돌보는 사육사 등 겉으로 드러나지 않지만 이들은 각자의 자리에서 보다 나은 고객만족을 위해 끊임없이 새로운 서비스를 연구하고, 기획한다. 결국 모든 구성원이 '고객의 행복을 위한 디자인'에 참여하는 셈이다.

'디자인 해피니스'가 가지는 또 하나의 특징은 현장의 고객과 접점 직원들을 통해 서비스 방향성을 도출하는 보텀업(bottom-up) 방식으로 만들어졌다는 점이다. 경영진이 수립한 철학을 서비스 현장으로 전파하는 톱-다운(top-down) 방식으로 진행하던 기존의 서비스 체계와는 완전히 달랐다.

임직원들이 제시한 아이디어를 바탕으로 핵심 키워드를 도출했으며 서비스경영, 마케팅, 조직심리 등 각계 전문가의 자문을 거친 후 사내 인트라넷을 통해 임직원들의 온라인 투표를 실시해 '디자인 해피니스'라는 최종 문구를 선정했다.

서비스 철학의 변화와 함께 임직원 교육 방식도 바뀌었다. 기존에 강조하던 친절한 인사나 미소 같은 기본적이고 외적인 서비스 요소보다는 마인드 내재화를 강조하는 등 서비스 교육과정이 모두 새로운 철학에 맞춰 개편됐다. 이를 통해 서비스 제공자인 직원들에게 자부심을 갖게 하는 한편, '고객의 행복'이라는 궁극적인 가치를 실현하는 것이 에버랜드 구성원 모두의 일이라는 인식을 심어주었다.

'디자인 해피니스'가 만들어진 지 10년이 지난 지금, 에버랜드는 시대 변화와 달라진 고객의 요구에 부응할 새로운 서비스 철학을 고심하고 있다. '고객의 총체적인 만족'을 위해 어떤 방향으로 서비스를 계발하고 구현해나갈 것인가에 대한 고민과 연구는 에버랜드의 영원한 과제다.

디자인 해피니스 5대 핵심 역량 'SMILE'

Smile first
미소로 다가가는
서비스

Make memories
추억을 만드는
서비스

Innovation in service
지속적인
서비스 혁신

Learning & Sharing
학습과
공유

Expertise in safety
안전에 대한
전문성

'디자인 해피니스'라는 서비스 철학은 '고객의 행복'이라는 궁극적인 가치를 실현하는 것이 에버랜드 구성원 모두의 일이라는 인식을 심어주었다.

2

디자인의 전제는
실행이다

Voice of Customer

안녕하세요! 모처럼 대단한 근무자들을 보게 돼 칭찬글을 작성합니다. 평소 야간 퍼레이드 종료 후에는 정문까지 도보로 이동하는 편이지만 이날은 스카이웨이 큐라인에 서서 대기하고 있었습니다. 그런데 캐스트들이 기억에 남을 정도로 밝은 표정으로 안내와 연출 서비스를 하고 있었어요. 어린 손님들에게는 공주님·왕자님이라는 호칭을 구연 동화급으로 불러주셨고, 젊은 손님들에게는 엄청나게 밝은 응대를, 연배가 있는 손님들에게는 또 그에 맞춰서 과하지 않은 환한 표정을 보여주셨어요. 저마다의 특징을 잘 포착해 맞춤 인사를 건네며 한 팀 한 팀 보내주는데, 대기 줄에 선 사람들이 본인의 차례를 기다릴 정도였어요. 이날 제가 본 연출과 인사는 관리자가 지시해서 할 수 있는 수준이 아니라고 생각합니다. 세 분의 캐스트 모두 대단하다는 생각밖에 안 들더라고요. 그분들에게 그날 연출에 꽤 감동 받은 손님이 있었다고 꼭 전해주세요.

'서비스 리더십'이라는
새로운 패러다임을 만들다

좋은 서비스 철학은 모두가 공유할 수 있고, 실천 가능해야 한다. 기업이 망망대해에 떠 있는 배라면 서비스 철학은 저 멀리에서 길잡이 역할을 해주는 등대와도 같다. 하지만 목적지에 도달하기 위해서는 등대 외에도 항해술과 경로를 보여주는 지도, 파도의 높이를 알려주는 일기예보 등도 필요하다. 요컨대 서비스 철학을 세운 이후에는 '이를 현장에서 어떻게 구현할 것인가'가 중요한 과제가 된다.

제품과는 다르게 '무형성'과 '즉시성'을 특징으로 하는 서비스 자체의 특성 때문에 서비스 기업은 필연적으로 '서비스 브랜딩'에 대한 고민을 하게 된다. 고객 입장에서는 서비스가 그 자체로 한 번의 경험이 될 수 있으나 일회성이 되어서는 안 된다. 바꾸어 말하면 서비스 철학을 현장에서 꾸준히 동일한 수준으로 제공해야 한다는 의미다.

기대와 충족, 때로는 기대를 뛰어넘는 만족감이 반복적으로 이루어져야 비로소 고객은 서비스를 신뢰하고 이 과정에서 무형의 서비스를 브랜드로 인지하게 된다. 즉, 서비스가 고객의 머릿속에 하나의 브랜드로 자리 잡기 위해서는 꾸준함이 절대적으로 필요하다. 그래서 서비스 브랜딩의 최대 도전과제 중 하나는 '서비스 품질의 일관성'이다.

수천 명이 일하는 조직에서, 직원들이 각자의 자리에서 고객에게 일관된 서비스를 제공하기 위해서는 어떻게 해야 할까? 군대를 통솔하듯 일사불란하게 반드시 지켜야 하는 서비스 행동 강령을 위에서 아래로 하달한다면 효과가 있을까? 일시적으로는 가능할 수도 있지만, 이런 방법으로는 오랫동안 높은 수준의 서비스를 유지할 수 없다.

에버랜드는 그 답을 '서비스 리더십'에서 찾았다. 에버랜드는 일찍이 '내부고객의 만족이 외부고객을 만족시킨다'는 '윈-윈(Win-Win)' 서비스 철학을 구축하며 서비스 역량 강화를 위한 새로운 모델을 제시한 바 있다.

'리더는 내부고객에게 서비스를 제공하는 사람으로서 내부고객이 더 만족스럽고 즐겁게 일할 수 있는 환경을 조성하고 격려해야 한다'는 것을 골자로 한 서비스 리더십은 1990년대 중후반이던 당시 서비스업 리더의 새로운 역할을 제시한 혁신적인 이론으로 주목받았다.

'서비스 업계의 리더는 서비스맨'이라는 인식을 정립하다

전통적인 리더십은 조직과 제도를 정해두고 그 틀에서 구성원이 원활하게 움직이게 하는 데 초점을 맞춘다. 제조업 위주의 사회에서는 이런 형태의 리더가 유효했다. 하지만 서비스산업의 비중이 커지면서 고객 서비스의 개념이 중요해진 시대, 서비스업을 이끄는 사람의 역할이 달라져야 함을 지적한 새로운 이론은 우리나라 서비스업 전체를 변화시키는 바탕이 되었다.

즉, 통제하고 명령하는 지휘관이 아니라 서비스맨이 되어야 하고, 서비스를 제공하는 사람의 입장에서 리더십을 발휘하도록 하는 데 중점을 둔 것이다. 과거 리더는 수직적인 상하 관계에 익숙했다. 하지만 서비스 리더는 '통제와 명령이 아닌, 창조와 자율, 수평, 네트워크라는 키워드를 중심으로 탁월한 능력을 가진 파트너들이 자율적으로 그들의 능력을 발휘할 수 있도록 도와주는 사람'이다.

기존의 리더십이 제품 생산이나 기술을 위해 구성원을 시스템적으로 움직이는 데 중점을 두었다면, 서비스 리더십은 서비스업의 핵심인 인적 요소를 어떻게 극대화시켜 고객만족을 달성할 것인가에 초점을 맞춘다.

직원을 '아랫사람'이 아닌, 파트너라는 개념으로 인식하게 한 것도 서비스 리더십이 만든 변화였다. 리더를 '파트너의 자발적 동의를 바탕으로 목표를 향해 파트너와 함께 가는 사람'이라고 정의하면, 리더는 조직 어디에나 존재한다. 피라미드 형태의 정점에 서 있는 사람만이 리더가 아니라, 수평적 관계에서도 수많은 리더들이 존재하는 것이다.

서비스 리더로 전환하는 일은 사고를 바꾸는 것에서 시작된다. 리더 스스로 수직적 구조의 정점에서 내려와 파트너 속으로 들어가야 한다. 접점의 직원들보다 조금 떨어져 있는 파트너로 스스로를 인식해야 한다.

즉, 직원들보다 고객과의 거리가 멀기 때문에 서비스 현장에 있는 직원들과 파트너 관계를 형성하고, 이들의 손을 빌려 외부고객에게 서비스함으로써 고객만족을 이끌어내는 사람인 것이다.

이처럼 이전에는 없던 서비스 업계 리더의 자질과 역할을 새롭게 정리한 서비스 리더십은 에버랜드의 기업 문화로 자리 잡았고, '행복 디자인'이라는 새로운 서비스 철학을 구체화하고 빠르게 실행하는 바탕이 되었다.

사고의 혁신,
조직문화 전체를 변화시키다

개인을 기업에 속한 부품이 아니라 네트워크의 중심에 선 전문가이자 특유의 개성을 가진 파트너로 보는 사고의 혁신은 조직문화 전체를 변화시켰다. 일방적인 교육이 아니라, 파트너의 욕구를 파악하고 문제를 함께 해결해

수직적 해결책과 수평적 해결책

	수직적 해결책	수평적 해결책
문제 인식	문제에서 해당 캐스트의 잘못을 발견, 책임 추궁	문제에서 연관된 구성원 모두가 스스로의 책임을 찾아 인식
책임 인식	캐스트 혼자 문제 해결할 것을 기대	모두가 책임을 인식함으로써 협동을 통한 해결 방안 모색
해결 과정	캐스트의 시정을 기다리고 다른 캐스트의 문제 발견에 몰두	자신이 책임질 부분을 스스로 고치고 공유 속에 시너지를 모색
문제 종료 후	문제는 해결되지 않은 채 여전히 남아서 불만족을 야기	문제 해결과 함께 조직 내 공유를 통해 비슷한 사례에 적용할 수 있는 노하우 축적

가는 과정에서 파트너십을 형성하기 위해 노력했고, 협력을 중시하는 문화가 만들어졌다.

수평적인 관계에서는 소통도 원활해진다. 고객감동 서비스라는 하나의 목표를 향해 가는 과정에서 저마다 자신의 역할을 잘 이해하고 있는 '파트너'들은 자신의 의견을 가감 없이 이야기한다. '소통하는 조직문화'는 에버랜드가 '서비스업의 명문'이라는 명성에 안주하지 않고, 변화와 혁신을 이어온 동력이다.

수평적인 조직문화를 만들기 위한 캠페인도 전사적으로 전개했다. 가정에서, 직장에서 그리고 사회 곳곳에 뿌리박힌 수직적 구조와 의식을 청산하지 않으면 인간다운 삶과 고객만족형 서비스가 가능하지 않다는 판단에서였다.

수직적 구조에서 발생하는 크고 작은 불평등, 서로 간의 불신 때문에 발생하는 답답함, 양방향 대화 부재에 따른 정보의 단절과 왜곡, 그리고 이 모든 것의 결과인 서비스 부재 등을 수평 문화 구축을 통해 해결하고자 했다. 수직이 아니라 수평적인 사고에 입각해 상대방을 먼저 배려하고 관심을 기울이며, 모두를 고객이자 파트너로 인식해 서로에게 고객만족형 서비스를 제공할 때 더불어 행복하게 살아가는 직장과 사회가 만들어진다는 개념에 기초한 것이기도 했다.

캠페인의 핵심 내용은 '남을 탓하기 전에 자신을 먼저 돌아보는 사고의 전환, 자기 이외의 모든 사람을 고객으로 받아들이는 고객 중심의 자세, 모든 고객과 함께 살아가고자 하는 파트너십에 바탕을 둔 마음, 그리고 사람과 사람은 관심과 배려에 바탕을 둔 서비스를 통해 만족을 키워간다는 서비스에 대한 믿음을 갖고 실천하자'는 것이었다.

수직적 사고에 바탕을 둔 명령과 지시, 통제와 처벌, 감시와 무시가 난무하는 조직이 아니라 서비스를 통해 서로의 만족과 성과를 높여 가고자 했고, 리더들의 솔선수범과 함께 조직문화도 서서히 변화되기 시작했다.

내부고객 만족을
진심으로 실천하다

조직문화는 그럴듯한 구호나 일방적인 교육으로는 바뀌지 않는다. 리더의 진심 어린 변화 노력만이 직원들의 마음을 움직일 수 있다. 리더로부터 서비스를 받는 당사자, 즉 내부고객들은 겉으로 나타난 변화가 허울뿐인지 아

에버랜드는 2013년, 국내 최초로 서비스직 근무자들을 위한 마음 건강 관리 프로그램 '비타민캠프'를 개발, 감정노동에 따른 심리적 고통을 사전에 예방하고 치유하는 데 크게 기여했다.

닌지를 정확히 간파한다. 따라서 새로운 철학을 현장에 안착시키기 위해서는 리더의 치열한 노력이 필요하고 내부고객이 이를 체감할 수 있을 때 비로소 변화의 바퀴가 천천히 구르기 시작한다.

함께 성장하기 위한 파트너로서 내부고객을 대하는 진심은 캐스트와 임직원들의 '감정노동'을 예민하게 받아들이고 조치를 취한 것에서 잘 드러난다. 에버랜드는 2012년 '감정근로'를 연구 과제로 도출하고, 2013년에는 심리학 기반의 감정노동자 연구를 바탕으로 이들의 보호를 위한 선제적 대처 방안을 개발했다. 그것이 바로 국내 최초로 탄생한 마음건강관리 전문 교육프로그램 '비타민캠프'다.

비타민캠프는 고객 접점에서 일하는 서비스직 근무자들을 위한 프로그램으로, 스트레스 해소를 위한 단순 목적이 아닌 감정노동에 따른 심리적 고통을 사전에 예방하는 데 중점을 두었다.

이와 더불어 2016년 캐스트의 행복지표 측정도구, 캐스트 채용 인성검사 등을 개발해 체계적으로 구성원들의 감정을 보살피기 위해 애썼다. 캐스트 행복지표는 업무 만족도뿐 아니라 주변 관계, 정서, 건강 등 전반적인 생활을 70여 개 문항으로 조사해 캐스트들의 행복 수준을 정량적으로 산출한다. 이는 캐스트들의 근무 환경, 생활 개선에 반영돼 캐스트 만족도를 높이는 중요한 자료로 활용된다.

2017년에는 문제행동 고객에 대한 응대 가이드를 제작, 공유해 에버랜드 캐스트들이 조금이라도 감정노동 스트레스를 덜며 업무에 임할 수 있도록 했다. 이러한 시도는 2018년 고객응대 근로자 보호법이 제정되기 이전에 선제적으로 서비스 제공 파트너에 대한 보호 장치를 마련한 것이라는 점에서도 의미가 있다.

수평적인 조직문화가 바꾼 업무 프로세스

한편, 내부고객을 파트너로 하는 수평적인 조직문화는 필연적으로 업무 프로세스의 변화를 수반한다. 요컨대 내부고객이 더 신바람나게 주도적으로 일할 수 있는 환경을 만들기 위해서는 수직적 구조에서 관행적으로 유지되던 업무 과정을 바꿀 수밖에 없기 때문이다.

파트너들이 외부고객에게 서비스를 제공하는 과정에서 원활한 흐름을 방해하는 장애물이 있다면 찾아내 없애야 하고, 서비스가 더 잘 이루어지기 위해 필요하다면 새로운 프로세스를 만들어야 한다.

에버랜드가 없앤 여러 가지 구습 중 가장 상징적인 것은 '결재판'이다. 에버랜드는 2000년을 맞이하며 결재판을 모두 소각했다. 높이 쌓아놓은 결재 서류는 '윗사람'이 가진 권위를 상징하고, 일을 열심히 혹은 많이 한다는 표시이기도 했다. 그러나 점차 내용보다는 문서의 형식을 갖추는 데 시간을 쏟게 되면서 빠른 정보의 흐름을 바탕으로 신속한 의사결정이 필요한 경영환경에 뒤처진 불필요한 과정이 되었다.

서비스 혁신을 위해 형식적이고 관행적인 보고와 결재가 없어져야 한다고 판단했지만 관행이 좀처럼 바뀌지 않자 결재판을 전부 모아 소각함으로써 비효율적인 프로세스에 대한 혁신 의지를 실행했다.

아울러 서비스업계에서는 처음으로 6시그마를 도입, 전사 혁신의 엔진으로 삼았다. 6시그마는 원래 모토로라가 개발하고, GE(제너럴 일렉트릭)가 발전시킨 품질개선 방법으로 주로 제조업에서 사용되어왔다. 당시 서비스기업에 6시그마를 적용한 것은 국내는 물론 외국에서도 그 사례를 찾기 어려웠다.

에버랜드는 6시그마 활동을 지원하기 위해 전사 규정인 '6시그마 운영 가이드'를 제정하는 한편, 서비스업 사례에 맞는 온라인 GB(Green Belt) 교육과정 개발 및 운영, 회의 기법과 6시그마 툴(Tool)을 연계한 삼성에버랜드식 회의문화 개발 등 서비스업에 맞는 6시그마 적용에 힘썼다.

또한 6시그마 워크숍인 '챔피언데이'를 개최해 임원들의 관심 유도와 집중을 도모하고, 연말에는 전 임직원이 모인 가운데 '6시그마 페스티벌'을 마련해 프로젝트 경진대회를 여는 등 6시그마 확산에 힘썼다.

이러한 노력은 현장에서 고질적으로 반복되는 기기 고장이나 결함을 줄이는 데도 크게 기여했다. 대표적인 예가 범퍼카다. 범퍼카는 아이부터 어른까지 신나는 음악과 운전, 충격을 즐기는 어트랙션이지만 충돌 과정에서 크고 작은 안전사고가 발생하곤 했다. 범퍼카 충돌사고의 주요 원인이 탑승 자세 불량, 운전 미숙, 예상보다 강한 충격임을 파악한 에버랜드는 문제 해결을 위해 범퍼카의 속도에 미치는 중량, 압력과 범퍼 두께, 발판과 의자 간 거리 등을 발굴해 측정했다. 이후에는 데이터 분석을 통해 기어 단수를 이용한 속도 변경이 필요하다는 결론을 내리고 범퍼 압력을 조절하며 좌석을 개조해 발판과 의자 사이의 거리를 조정했다. 이를 통해 범퍼카의 충격량은 10% 감소했고, 몇 가지 보완과정을 거친 결과 범퍼카의 사고율은 연평균 10여 건에서 3건으로 크게 줄었다.

새로운 서비스 철학을 실천하기 위한 다양한 프로세스 개발

보다 고객지향적인 관점에서 새롭게 만들어진 제도도 많다. 특히 에버랜드는 '회사 내 필요한 것과 불필요한 것은 누구보다 직원들이 잘 알고 있다'는 관점 아래 캐스트나 직원들이 평소 업무를 하면서 떠오른 아이디어를 모을 수 있게 하고 이를 파크 운영에 적용하면서 업무 효과성을 높였다. 실제로 직원 아이디어를 통해 테마파크 기프트숍의 베스트셀러와 시간대를 고려해 MD를 유동적으로 운영하면서 상당한 매출 증대 효과를 보기도 했으며, 전력 소비가 급증하는 여름철 피크타임에 자동전력제어 장치를 도입해 연간 수천만 원의 전기료를 절약하기도 했다.

이외에도 에버랜드가 서비스 철학을 실체화하는 과정에서 도입한 제도와 방법론은 수없이 많다. 서비스를 속성별로 구분해 분야별 우수한 성과를 보이는 캐스트에게 다양한 인센티브를 제공하는 제도를 운영하기도 하고, 현장

경영을 위한 모니터링 제도나 옴부즈맨 제도를 도입하기도 했다. 물론 이 가운데 어떤 제도는 성공적으로 운영되어 정착했고 또 다른 제도는 오류를 발견해 중단하기도 했다.

중요한 것은 에버랜드가 추상적인 개념의 '서비스 철학'을 현실에서 구현하기 위해 적극적으로 다양한 시도를 해왔고 이것이 한 가지 방법론이 아니라 다층적이고 다면적이며, 지속적으로 이루어져왔다는 점이다.

서비스업에서는 어느 날 갑자기 새로운 서비스가 생겨나는 일은 없다. 고객감동은 리더의 서비스에 만족한 내부고객들이 외부고객을 감동하게 하는 선순환에 의해 일어난다. 노력한 만큼 품질은 향상되고 새로워진다. 에버랜드의 탁월한 서비스는 이 단순한 진리를 잘 지키고 실행한 결과물이다.

CHAPTER 2

Wowing Constantly

지속가능성은
고객의
감탄과
놀라움에
있다

1

고객 자신도 모르는
고객의 기대를 찾아라

Voice of Customer

"결혼 전 연애할 때 단골 데이트 장소가 에버랜드였습니다. 특히 5월은 날씨도 좋고 로맨틱한 분위기를 내기 좋은 장미축제가 열려서 자주 갔죠. 그런데 결혼하고 아이를 낳고 보니 또 에버랜드를 찾게 되더라고요. 에버랜드는 언제나, 남녀노소 모두에게 매력적인 공간입니다."

"저는 자타공인 에버랜드 마니아입니다. 에버랜드를 자주 찾게 되는 이유는 언제 가도 새로운 이벤트와 테마가 있다는 것, 그리고 친절한 서비스, 고객 스킨십에 있는 것 같아요. 특히 에버랜드에서 만나는 캐릭터들이 아이들과 함께 호흡하고 눈높이를 맞춰주니 아이들에게는 정말 환상의 나라입니다."

'비일상적인 공간에서의 새로운 경험'에 주목하다

친절한 태도나 말투, 미소에서 한발 더 나아간 고객 서비스의 사전적 정의는 대개 '고객이 제품 또는 서비스를 구매하거나 사용하기 전·후에 기업에서 고객에게 제공하는 도움' 정도로 수렴된다. '고객의 기대를 넘어서는 효율적인 방법으로 고객을 지원하는 것'을 좋은 서비스로 정의하는 기업들도 있다.

더 확대하면 고객 서비스란 '기업과 고객 간의 상호작용을 통해 고객의 요구사항을 충족하고 긍정적인 경험을 제공하는 모든 활동'이다. 그동안 여러 단계에 걸쳐 고객 서비스 철학을 발전시켜온 에버랜드는 여기에 '만족'이라는 고객의 평가와 감정을 더했다. 따라서 에버랜드 고객 서비스의 지향점은 '에버랜드를 이용하는 고객의 종합적인 만족'이다. 하지만 이를 현실에서 구현하기란 여간 어려운 일이 아니다. 그 어려움은 타깃 설정에서 시작된다. 에버랜드 방문객은 남녀노소를 아우르는 데다 해외 관광객까지 합치면 그 범위가 더욱 넓어지기 때문이다.

에버랜드는 다양한 고객을 모두 만족시킬 수 있는 서비스가 무엇인지를 고민했다. 궁극적으로 고객의 '행복'을 디자인하는 데 필요한 일이 모두 서비스의 범주에 포함된다고 하더라도 가장 중요하고 우선시할 것은 에버랜드를 찾는 고객들이 진짜 원하는 것이 무엇인지를 알아내는 것이었다.

에버랜드는 가장 먼저 고객들의 기대에 주목했다. 많은 사람이 '환상의 나라'를 찾는 이유 중 하나는 '비일상적인 공간에서의 새로운 경험'이라고 판단한 것이다.

고객에게
'와우 모먼트(Wow Moment)'를 제공하다

처음 방문한 고객뿐 아니라 재방문 고객까지 에버랜드를 새롭게 느끼게 하기 위해서는 꾸준히 '최초의 경험'을 제공하는 것이 중요했다. 그 결과 에버랜드는 지속적인 '와우 모먼트(Wow Moment)'를 만들어냈다.

와우 모먼트란, 고객이 제품이나 서비스를 사용하다 기대하지 못한 긍정적이고 감동적인 경험을 하게 되는 순간을 뜻한다. 놀라운 것은 대규모 고객 설문조사나 피드백 데이터가 없던 시절에도 에버랜드는 '와우 모먼트'를 꾸준히 제공했다는 사실이다. 어떤 면에서는 에버랜드의 등장 자체가 와우 모먼트였을지도 모른다.

에버랜드는 1976년, 국내 최초의 가족공원이자 테마파크로 문을 열었다.

에버랜드는 개장 당시부터 조림, 유원지 조성 등이 종합적으로 이뤄져 큰 인기를 끌었다. 사진은 자연농원에 입장하기 위해 사람과 차량이 긴 행렬을 이룬 모습이다.

'10년 앞을 내다본 온 국민의 산 교육장'을 지향하며 총 66만1,557㎡(20만여 평) 규모의 땅에 자연식물원, 자연동물원과 놀이동산 설치 계획을 세우고, 1973년부터 2년여에 걸쳐 플라워센터, 로즈가든, 썬큰가든을 조성했다. 1974년 조성공사를 시작한 자연동물원에는 사자 사파리, 사슴 방목장, 열대 동물사, 원숭이동산 등을 설치했다. 이 중 사자 사파리는 아시아 최초의 방사형 사파리였다. 지형을 살려 온실 식물원이 아닌 노천 식물원으로 조성함으로써 단순한 유원지 개념을 넘어 도시와 농촌의 가교 역할을 하도록 했고, 동물원도 동물과 인간이 가깝게 만날 수 있는 공간 형성에 주력했다.

이밖에도 요술집을 중심으로 제트열차, 회전목마, 스포츠카, 신나는 보트, 비행의자, 데이트컵, 미니카, 아프리카탐험 등 9개의 놀이기구와 어린이놀이터를 설치, 국내 최대 규모의 놀이농산으로 탄생했다.

인터넷도 SNS도 없던 시절이지만 용인자연농원 개장 첫날 입장객은 무려 2만5,000명에 달했다. 입구를 따라 긴 줄이 늘어서는 진풍경도 벌어졌다. 당시 우리나라 1인당 국민소득이 겨우 818달러였다는 점을 생각하면 예상을 뛰어넘는 관심이었다.

에버랜드 개장 1년 후인 1977년, 우리나라의 1인당 국민소득은 1,053달러로 높아졌고, 수출 100억 달러를 동시에 달성하며 본격적인 산업화 시대로 접어들었다. 에버랜드를 찾는 고객들의 숫자도 빠른 속도로 늘었다. 돌아보면 시기적으로도 절묘했지만, 미리 앞을 내다본 창업주(고 이병철 회장)의 통찰도 놀라웠다. 에버랜드를 통해 여가생활에 대한 국민의 욕구를 일깨우고, 새로운 레저 문화를 이끌 모델을 제시한 것이다.

에버랜드가 만든 '최초'의 역사

- **1976** 국내 최초 가족공원·테마파크 용인자연농원 개장
- **1985** 국내 최초 장미축제 개최
- **1988** 국내 최초 눈썰매장 개장
- **1996** 세계 최초 실내외 워터파크 '캐리비안베이' 개장
- **1997** 에버랜드, 세계 테마파크 최초 ISO 9002, 14001 인증 동시획득, 에버랜드, CS 인증마크 국내 1호 등록
- **2001** 누계 입장객 1억 명 돌파, 테마파크 최초 11월 크리스마스 매직 퍼레이드 시작
- **2005** IAAPA 퍼레이드 부문 빅이 어워즈(Big E Awards) 수상 테마공간 이솝빌리지 오픈
- **2007** 몽키밸리 오픈
- **2008** 국내 최초 우든코스터 'T익스프레스' 오픈 캐리비안베이, IAAPA 'Must-See Waterpark Awards' 수상
- **2009** 세계 최초 '백호사파리' 오픈
- **2013** 누계 입장객 2억 명 돌파, 세계 최초 수륙양용차 도입 사파리 로스트밸리 오픈
- **2016** 판다월드 오픈
- **2017** 국내 최초 4인승 눈썰매 오픈
- **2017** 국내 최초 로봇 VR 어트랙션 오픈
- **2019** 아시아 동물원 최초 미국 동물원 수족관협회 AZA인증 획득
- **2020** 국내 최초 자이언트 판다 자연번식 성공
- **2021** 멸종위기 한국호랑이 5마리 자연번식 성공
- **2023** 업계 최초 유튜브 구독자 100만 명 돌파

에버랜드의 와우 모먼트 ❶

세계 최초의 실내·외 복합 워터파크, 캐리비안베이(Caribbean Bay)

1996년 문을 연 캐리비안베이는 국내 최초이자 실내·외를 자연스럽게 오갈 수 있게 연결한 세계 최초의 워터파크이다. 국민 대다수가 '워터파크'라는 단어 자체도 생소하게 여기던 시절이었지만 국민소득 1만 달러 시대에 부응하는 새로운 레저문화 창출을 위해 에버랜드는 캐리비안베이를 개장, 우리나라의 새로운 물놀이 문화를 창조해나갔다.

캐리비안베이는 대항해 시대 해적들의 주요 활동지로 유명했던 중남미 카리브해를 테마로 만들어졌다. 폭 120m, 길이 130m의 세계 최대 규모를 자랑하는 인공 파도풀에서부터 세계 최장의 유수풀, 최첨단의 각종 슬라이드 등으로 고객들에게 새로운 경험을 제공하고 있다. 특히 2015년 오픈한 '메가스톰'은 국내 최초이자 전 세계 두 번째로 워터코스터와 토네이도 형태가 합쳐진 복합형 워터 슬라이드로서 시원하고 짜릿한 즐거움을 선사한다.

이밖에도 다양한 스파시설을 보유하고 있어 겨울에도 가족형 물놀이 공간으로 각광받고 있으며, 에스테틱 테라피와 휴식을 위한 뷰티존과 릴랙스룸도 운영한다.

에버랜드의 와우 모먼트 ❷

세계에서 가장 스릴 있는 우든코스터, 티익스프레스(T-express)

롤러코스터는 놀이공원의 꽃이다. 에버랜드의 롤러코스터는 국내 유일의 우든코스터인 티익스프레스(T-express)로, 2008년 도입한 이래 16년째 '오픈런' 1순위를 차지하고 있다. 롤러코스터는 주요 소재에 따라 스틸코스터와 우든코스터로 나뉜다. 달리는 느낌이 매끈한 스틸코스터와 달리 우든코스터는

국내 최초이자 실내·외를 자연스럽게 오갈 수 있게 연결한 세계 최초의 워터파크로
문을 연 캐리비안베이(사진 위)와 미국의 롤러코스터 랭킹 전문 조사기관인 '미치 호커'가
'세계에서 가장 스릴 있는 우든코스터'로 선정한 티익스프레스

우리나라 꽃 축제의 효시가 된 에버랜드의 장미축제. 지금은 화사한 봄나들이와 로맨틱 데이트를 즐길 수 있는 장소로 인기가 높다.

목재 트랙 특유의 오프로드를 달리는 듯한 승차감에 천둥소리를 연상케 하는 소리까지 더해진다. 또 규모의 웅장함 덕분에 멀리에서도 시선을 끈다.

이런 형태의 우든코스터는 전 세계적으로 4개뿐이다. 그중에서도 티익스프레스는 빠른 속도와 77도라는 엄청난 경사도 때문에 미국의 롤러코스터 랭킹 전문 조사기관인 '미치 호커'가 뽑은 '세계에서 가장 스릴 있는 우든코스터'에 이름을 올렸다.

에버랜드의 와우 모먼트 ❸
전국에 꽃 축제 바람을 일으킨 장미축제

에버랜드가 국내 최초, 그리고 테마파크 최초로 장미축제를 시작한 것은 1985년이다. 최초 꽃 축제의 주인공으로 장미를 선정한 것은 당시 국민들이 가장 좋아하는 꽃이 장미였기 때문이다. 축하 자리에 쓰이는 대부분의 꽃다발을 탐스러운 장미로 만들던 때였으니 '기쁨', '즐거움' 등의 감정과 자연스레 연결될 수 있는 테마이기도 했다.

장미축제를 위해 에버랜드는 당시 장미원에 122품종 3,500그루의 장미를 심었다. 이후 40여 년 가까이 뚝심 있게 장미축제를 운영하며 그동안 약 7,000만 송이의 장미를 선보였다. 현재 에버랜드 장미축제는 화사한 봄나들이와 로맨틱 데이트 성지로 각광받고 있다.

장미축제는 그동안 국내 주요 기업 및 지방자치단체들의 벤치마킹 대상이 되며 70여 개 꽃축제의 효시가 됐다. 720품종 300만 송이 장미가 만개한 2024년 축제에서는 에버랜드가 자체 개발한 국산 장미인 에버로즈 컬렉션존을 새롭게 선보였고, 오디오 도슨트, 장미 포토존, 거품 체험 등 다채로운 콘텐츠를 경험할 수 있도록 구성했다.

에버랜드의 와우 모먼트 ❹
종 보전에 기여하는 주토피아(Zootopia)

에버랜드 동물원은 개장 초기부터 아시아권 최초의 방사형 사자 사파리로 주목을 받았다. 이후 세계 유일의 복합 야생 사파리인 '사파리 월드'로 발전했고 세계 최초의 백호 사파리도 선보였다.

2006년에는 개장 30주년을 기념해 동물원에서 주토피아(Zootopia)로 이름을 바꾸었다. 이후 2013년 '로스트밸리'를 론칭해 초식동물 사파리를 구축했다. 특히 '로스트밸리'는 사파리 최초로 수륙양용차를 적용, 도로와 수로 모두를 이용해 동물들을 관찰하는 새로운 경험을 제공해 화제가 되었고, 지금도 그 인기는 여전하다.

세계 최초로 수륙양용차를 도입해 만든 사파리 '로스트밸리'

그런가 하면 에버랜드 판다월드는 자이언트 판다를 볼 수 있는 국내 유일의 공간이다. 무척 어려운 것으로 알려진 자이언트 판다의 자연 번식에 성공해 첫 번째로 태어난 판다가 바로 '푸바오'이고, 이후 쌍둥이인 '루이바오', '후이바오'까지 탄생했다.

멸종 위기종인 한국 호랑이의 자연 번식에도 성공했다. '아름', '다운', '우리', '나라', '강산'이라는 5마리의 호랑이를 탄생시켜 종 보전에 기여하면서도 고객들에게 새끼 호랑이의 성장을 관찰할 수 있는 기회를 제공했다.

한편, 에버랜드는 기린의 다산으로도 유명하다. 그중에서도 '장순이'로 불리는 기린은 18마리의 새끼를 낳아 2013년 국제 종정보 시스템(ISIS: International Species Information System)에 세계 최다 출산 기린으로 등재됐다.

이외에도 에버랜드에서만 볼 수 있는 동물 중에는 황금들창코원숭이, 흑백목도리여우원숭이, 큰바다사자, 레드빌투칸 등이 있다.

고객이 원하는 것을 찾아
발빠르게 적용하다

에버랜드의 지향점은 언제나 고객이다. 다양한 방법으로 고객이 원하는 것을 찾아내고, 기대를 예측해 발빠르게 파크에 적용하기 위해 노력한다. 여기에는 다양한 방법론이 동원된다. '미래 시나리오 플래닝'도 그중 하나로, 장기적인 관점에서 계획을 세울 때는 소득 변화에 따른 선진국의 발전 방향을 벤치마킹한다. 국가의 소득 수준에 따라 수용할 수 있거나 선호하는 레저의 종류, 형식이 다르기 때문이다.

우리나라가 한국전쟁 이후 지독한 가난에 허덕이고 있던 1955년, 미국에서는 디즈니랜드가 개장했다. 당시 우리나라에 테마파크가 생겼다 한들 이용할 수 있는 사람은 극히 제한적이었을 것이고, 누군가 이용했다고 하더라도 사회적 지탄을 피하기 어려웠을 것이다.

1955년 기준 미국의 1인당 GDP는 1,800달러였던 데 반해 우리나라는 50달러를 조금 넘는 수준이었다. 보통 1인당 GDP가 5,000달러를 넘어설 때 국내 장거리 여행이나 스포츠 활동에 대한 참여가 늘고, 테마파크나 동물원 등 대규모 여가 시설의 이용이 늘어난다고 한다. 이처럼 에버랜드는 경제 발전의 흐름을 바탕으로 거시적인 전략을 세웠다. 때로는 고객에게 원하는 바를 직접 묻기도 한다. 최초의 꽃 축제를 열 때도 준비 단계에서 고객 대상의 설문 조사를 진행했다. 조사 결과 장미의 선호도가 가장 높아 장미축제를 시작했고, 로스트밸리 개장 때도 마찬가지였다. 고객들이 로스트밸리에서 가장 보고 싶어하는 동물을 조사해 30여 종으로 압축, 사파리 구성에 반영했다.

서비스의 대상인 고객의 의견은 매우 중요하기 때문에 고객 대상의 설문조사는 광범위하게, 다양한 방식으로, 수시로 이루어진다.

실패를 두려워하지 않는 조직문화가 '고객 감탄'을 만든다

고객 서비스와 관련된 모든 전략이 늘 성공을 거두는 것만은 아니다. 드러나지 않은 실패 사례도 많다. 고객 서비스의 원인과 결과는 수치로 정확히 보이는 과학적인 분석과는 다르기 때문이다. 모두 사람의 인지품질을 기반으로 하다 보니 A라는 제도를 도입하면 B라는 결과를 얻을 수 있다는 과학적이고 탄탄한 근거를 제시하기 어려운 경우가 더 많다.

예컨대 '에버랜드 갓 탤런트' 같은 캐스트 참여 공연 무대를 만들고 그들을 위한 감정 치유 캠프를 운영하면, 캐스트의 친절도가 급상승해 고객만족도가 크게 올라갈 것이라는 보장이 없다. 결국 직접 해봐야 안다. 이러한 특성상 고객 서비스 정책의 결과가 ROI(투자대비 수익률)처럼 입증된 데이터가 되어 나오기란 쉽지 않다. 그럼에도 불구하고 에버랜드가 이토록 눈에 띄는 고객 경험을 많이 만들었다는 것은 치열한 시도가 있었고, 많이 실패했지만 그 실패를 바탕으로 더 나은 경험을 만들었다는 의미다.

'빠르게 실패하고 실패를 바탕으로 개선한다'는 취지의 '패스트 페일류어(Fast failure)' 전략은 이미 해외 기업 사례를 통해 많이 알려졌다. 아마존은 오랜 연구 끝에 '파이어폰(firephone)'이라는 스마트폰을 개발했지만 참담한 실패를 경험했고 당시 재고 처리에만 약 2,000억 원이라는 비용이 들었다. 구글은 구글 웨이브 서비스를 시작한 지 1년 만에 사업을 접어야 하는 위기에 직면했다. 그럼에도 구성원들에게는 어떠한 불이익도 주지 않았고 다시 새로운 제품과 서비스를 개발해 재도약의 기회로 삼았다.

아예 실패에 대한 사례 공유를 제도화한 기업들도 많다. IBM은 '실패 파티(Failure Parties)'를 개최하고, 페이스북은 매주 화요일 인터넷 속도를 2G로 제한하는 '2G 화요일'을 만들어 개발도상국 사용자 경험을 빠르게 테스트하고 개선하는 데 활용하고 있다.

성공 여부를 장담할 수 없는 고객 서비스 개선을 목표로 다양한 시도를 하기 위해서는 실패를 인정하고 받아들이는 조직문화가 있어야 한다. 무엇보다 리더가 실패를 용인해야 하고, 성공 여부를 떠나 새로운 시도를 중시한다는 메시지를 구성원들에게 지속해서 전달해야 한다. 서비스를 개발하는 실무 직원들이나 중간 관리자들 또한 여기에 호응해 끊임없이 새로운 아이디어를 내고 시험해보면서 결과를 개선하려는 노력이 필요하다.

에버랜드가 개장 이래 숱한 '최초'의 기록을 만들 수 있었던 것은 이런 문화가 자리 잡은 덕분이다. 구성원들에게 새로운 시도를 적극적으로 권하는 한편, 실패에 의연한 조직문화가 오랜 세월 꾸준히 고객의 감탄을 이끌어낸 원동력이다.

2

기본과 원칙이 탄탄해야
제대로 된 서비스가 자란다

Voice of Cast

이솝빌리지에는 '플레이 야드'라는 놀이 시설물이 있습니다. 높은 미끄럼틀, 흔들다리 등으로 이루어진 어린이 전용 대형 놀이터로 어린이 손님들은 평소 볼 수 없던 규모의 놀이터에서 땀에 흠뻑 젖을 정도로 뛰고 환호하며 시설을 즐깁니다. 얼핏 보기에는 아이들이 다치면 얼마나 다칠까 싶은, 안전문제를 등한시하기 쉬운 곳이기도 합니다. 하지만 잔뜩 들뜬 어린이 손님은 바닥에 떨어진 낙엽 한 장을 밟고도 미끄러져 심하게 다치기도 합니다. 그래서 저는 이곳에서 일할 때 한 명 한 명 손님들의 얼굴을 익히고 이름을 외우기 위해 노력합니다. 어디서 우는 소리가 들리지 않는지 귀를 쫑긋 세우고 높은 목소리로 어린이 손님들이 질서를 유지하게끔 안내합니다. 유치원에 다니는 어린이 손님들이 가장 익숙해할 유치원 선생님 같은 톤을 유지하는 거죠. 그리고 안전을 위해 어린이 손님과 저만의 약속을 만들어냅니다.
반짝이는 눈으로 저를 바라보는 어린이 손님들이 시설물에서 안전하게 놀 수 있도록 지키고 있다는 생각에 캐스트 근무를 할 때면 항상 자부심을 가질 수 있었습니다.

안전은 고객만족의 기본

아주 중요하고 기본적인 전제임에도 불구하고 사람들이 쉽게 잊는 가치가 바로 '안전'이다. 일상이 안전하다고 여길 때 역설적이게도 안전불감증은 더욱 커진다. 하지만 에버랜드는 '만족스러운' 고객 서비스의 토대이자 중요한 전제 조건이 '안전'임을 명확히 그리고 무겁게 인지하고 있다.

에버랜드가 정의하는 '안전'은 '고객이든 직원이든 에버랜드에 올 때보다 파크를 나설 때 더 건강한 것'으로, 단순히 안전 사고가 없는 상태를 넘어 모든 방문객과 직원의 전반적인 웰빙을 포괄하는 폭넓은 개념이다. 이 때문에 에버랜드의 경영 방침에는 '안전보건'이 명시되어 있다. 이는 단순한 선언에 그치지 않고 실제 운영 과정에 적극적으로 반영해 모든 의사결정 과정에서 안전을 우선적으로 고려한다. 안전과 고객 서비스는 상호 보완적이며, 진정한 의미의 고객만족은 안전이 확보될 때만 가능하다고 보기 때문이다. 에버랜드에는 특히 가족 단위 방문객이 많아서 고객들이 안전에 대한 걱정 없이 온전히 파크를 즐길 수 있을 때 전반적인 만족도도 올라간다는 점을 오랫동안 경험과 데이터로 확인했다.

360도 2회전을 자랑하는 롤링엑스트레인. 탑승 중 고속 회전하기 때문에 안전바가 몸을 완전히 감쌀 수 있도록 크게 제작됐다. 좌석에 앉으면 캐스트 2명이 안전바를 확실하게 착용했는지를 확인한다.

때로는 안전을 위한 조치가 고객의 즉각적인 요구와 상충되기도 한다. 예컨대 탑승 기준에 맞지 않는 승객의 어트랙션 탑승을 제한하거나 안전벨트 착용 등 꼼꼼한 점검 등으로 대기 시간이 길어지면 고객 입장에서는 불편할 수 있다. 하지만 결국 안전한 환경이 기본이 되어야 고객들도 안심하고 즐길 수 있기 때문에 안전에 관해서는 타협하지 않는다는 것이 가장 큰 원칙이다.

안전 관리, 끝이란 없다

안전한 파크를 만들기 위해서는 엄청난 노력과 자원이 필요하다. 더구나 에버랜드는 어트랙션이 있는 드라이파크부터 식음시설, 동물원, 식물원에 워터파크까지 밀집한 복합 테마파크다. 안전 관리도 그만큼 복잡하다.

에버랜드의 안전 관리 영역은 크게 고객 안전과 파크 운영에 관한 산업 안전으로 나눌 수 있다. 산업 안전 영역은 다시 세부적으로 어트랙션 운영 관리, 식품 위생, 환경, 시설, 직원, 동물원, 보안 등의 영역으로 구분된다. 이외에도 영역별로 '안전' 관련 세부 항목은 일일이 열거하기 어려울 정도로 많다.

어트랙션 안전 영역에서는 놀이기구의 설계부터 운용, 유지, 보수까지 전 과정의 안전을 점검하고 관리한다. 어트랙션별로 특화된 안전 프로토콜을 운영하며 정기적인 점검과 실시간 모니터링을 통해 위험요소를 감지하는 것이 중요한 업무다. 식품 위생과 관련해서는 파크 내 모든 식음료 시설의 위생 상태나 식자재 관리, 조리 과정 등의 안전을 챙기고, 환경 부문에서는 수질 관리와 폐기물 처리, 에너지 사용 등에서 발생할 수 있는 안전 문제를 예방해야 한다. 특히 수질 관리가 중요한 캐리비안베이는 법정 기준보다 한층 엄격한 자체 기준을 적용해 관리하고 있다.

건물, 도로, 전기 시설 등 파크 내 모든 인프라에 대한 안전 관리와 함께 정기 점검, 보수, 재난 대비 훈련 등도 모두 안전의 영역에 포함된다. 여기에 산업안전보건법에 따라 직원 및 캐스트의 안전과 보건을 관리하는데, 작업장 안전을 비롯해 건강 검진, 스트레스 관리 등도 포함된다. 동물원에서는 동물의 건강과 복지는 물론 방문객과 사육사의 안전을 챙겨야 하며 이외에도 화재 예방, 범죄 예방, 테러 대비 등 다양하다.

계절마다 신경 써야 할 안전 요소들도 다르다. 동계 휴장 이후 문을 여는 봄 시즌에는 전면적인 안전 점검을 진행한다. 여름철에는 폭염으로 발생할 수 있는 고객 및 직원의 열사병 예방을 위한 준비를 하며, 동시에 고온으로 화상을 입지 않도록 어트랙션 카는 물론 대기 동선 내 금속 부품의 표면 온도를 모니터링 한다. 장마철에는 배수 시설과 수상 어트랙션에 문제가 생기지 않게 점검하고, 가을철에는 낙엽 때문에 사고가 생기지 않도록 예방 조치를 한다. 겨울철에는 결빙으로 인한 미끄럼 사고를 대비해 제설 장비와 제설제를 준비하고 보행로와 대기줄에 미끄럼 방지 조치를 취한다. 특히 경사도가 높은 구간은 겨울철 안전사고 예방에 만전을 기한다. 뿐만 아니라 기온이 떨어지면 어트랙션 가동에 필요한 윤활유의 점도가 높아질 수 있어 운행 온도 기준을 엄격하게 적용하며, 어트랙션 자체의 구동 안전도 별도로 챙긴다.

알수록 놀라운
어트랙션 안전의 비밀

테마파크의 꽃인 어트랙션의 안전 관리는 음식이나 시설 인프라 등에 관한 통상적인 안전 관리와는 다른 특별한 점이 많다. 우선 어트랙션 안전은 현장 운영 훨씬 이전인 설계 및 제작 단계부터 고려된다. 어트랙션의 구조와 설계 자체가 국제 안전 기준에 부합해야 하는 데다 제작 과정에서도 엄격한 안전성 테스트를 거치며 품질 관리를 해야 한다. 설치 단계에 이르면 업무 난이도는 더욱 높아진다.

어트랙션의 설치에는 항상 어려움이 따른다. 아무리 꼼꼼하게 확인해도 컴퓨터 모니터상에서 설계된 것과 실제 물리적 환경에 적용하는 데에는 차이가 있을 수밖에 없는 탓이다. 게다가 공장에서 완제품 형태로 생산되는 것이 아니라 구성품을 하나씩 하나씩 만들어 결합하고 현장에 설치하는 과정을 거치다 보니 어려움은 가중된다.

전문 기술진이 몇 날 며칠을 때로는 한 달 이상 고심하고 조율해 방법을 찾아내 마침내 어트랙션을 안전 규정에 맞게 설치하고 나면 종합적인 안전성 검사가 진행된다. 이와 함께 어트랙션 운영을 시작하기 직전에는 3단 안전 테스트를 거친다. 첫 번째는 무부하 테스트로 승객 없이 기계적 성능을 확인하는 단계이고, 두 번째는 중량이 있는 인체 모형 더미(dummy)를 이용한 안전성 검증이다. 더미 테스트까지 합격점을 받고 난 이후에는 직원이 직접 탑승해 실제 운행 조건을 시뮬레이션 한다.

대형 어트랙션의 경우 다양한 조건에서 안전성을 검증하기 위해 최소 1,500회 이상 시운전을 한다. 만약 공지한 어트랙션 오픈 날까지 시운전 횟수가 부족하면 어떻게 될까? '안전 최우선'의 원칙에 따라 최악의 경우에는 어트랙션 오픈을 미루는 한이 있더라도 시운전 횟수 등 안전 기준을 충분히 확보한 후에야 일반에 공개한다.

설치와 오픈을 했다고 해서 끝이 아니다. 각 어트랙션은 매일 운영 전 안전 점검을 실시한다. 주요 부품과 안전 장치의 작동 상태 등을 확인한다. 여기에 주간, 월간, 분기별, 연간 정기 점검까지 더해지고, 에버랜드가 독자 개발한 AMS(Attraction Management System)를 통해 실시간 운행 데이터 모니터링이 이루어진다. 이상 징후가 발견되면 즉각적인 대응에 나설 수 있도록 다양한 비상 상황에 대한 대응 매뉴얼은 물론, 모의 훈련까지 진행한다.

기본 가이드라인보다 높은 수준의 에버랜드 안전 관리 기준

이토록 복잡다단한 에버랜드 안전 관리 영역의 또 다른 어려움이자 과제는 에버랜드의 안전 기준이 대단히 높다는 점이다.

에버랜드는 각종 법률을 포함해 정부 규제 그 이상의 자체 안전 기준을 적용하고 있다. 예를 들어, 워터파크의 수질에 관해서 관련 법령은 '목욕탕' 수준을 요구하지만 소비자원과 같은 기관이 '수영장' 수준의 수질이 필요하다는 의견을 내면 '수영장'보다 한층 더 높은 수질 기준을 적용하는 식이다. 에버랜드의 자체 기준은 국내외 사례 연구와 전문가 자문, 현장 내부 구성원의 경험 등을 종합적으로 반영하며, 정부 가이드라인의 변화에 앞서 모니터링하고 대응한다. 새로운 법률이 도입될 경우, 이를 적용할 내부 시스템을 신속하게 식별해서 규제 시행 이전에 선제적으로 대응 체계를 갖추기도 한다.

에버랜드의 높은 안전 기준을 여실히 보여준 것은 코로나19 팬데믹 기간의 캐리비안베이 폐장 사례이다. 전 세계적인 초유의 사태였기 때문에 정부의 가이드라인도 수시로 바뀌었는데 에버랜드는 가이드라인보다 항상 깐깐한 기준을 적용해 접촉자를 찾고 격리했다. 매일 정보를 수집하고 현황을 공개했으며 자체 역학조사를 진행해 역학조사관에게 제공하는 한편, 캐스트를 위

에버랜드는 기본 가이드라인보다 한층 높은 수준의 안전 기준을 만들고, 철저히 준수한다.
사진은 360도 연속 4회전으로 스릴감 만점인 더블락스핀

한 기숙사 중 몇 동을 아예 격리 용도로 변경해 전파를 막기 위해 힘썼다.

그러던 중 캐리비안베이 방문객 중 코로나 증상이 있었음에도 밝히지 않은 사람이 있다는 것을 알았고, 사실 확인 즉시 퇴장 조치와 함께 코로나19 검사를 고지했다. 그리고 다음 날 하루 동안 캐리비안베이는 문을 열지 않기로 결정했다. 회사로서는 손실이 컸지만 모두의 안전을 위해 과감한 결단을 내렸다.

구성원들이 함께 만들어가는 '안전한 파크'

이처럼 높은 기준에도 불구하고 에버랜드는 안전관리 시스템의 개선을 위해 지속적인 노력을 기울이고 있다. 기본적으로 ISO 인증 체계와 연계해 안전 관리 목표와 세부 계획을 수립하고, 이를 바탕으로 일상적인 점검, 교육, 훈련 등을 포함하는 안전 관리 활동을 진행한다. 이런 활동들은 정기적인 내부 평가를 통해 활동의 효과성을 평가하고 개선이 필요한 부분들을 찾아 안전 관리 목표에 반영한다.

또한 분기별로 산업안전보건위원회를 통해 주요 안전 관련 사안들을 논의하고, 국내외 사례를 연구해 적용 필요성을 검토하기도 한다. 국내외 다른 테마파크에서 생긴 안전사고까지 원인을 분석해 에버랜드에 적용할 내용이 있는지도 확인한다. 무선 컨트롤 안전벨트 도입이 대표적인 예다.

국내의 한 테마파크에서 정신 장애가 있는 고객이 9m 높이에서 안전벨트를 풀어 추락하는 사고가 있었다. 에버랜드에도 같은 종류의 어트랙션이 있었기에 신속하고 면밀하게 사고 원인을 분석했다. 이후 에버랜드의 어트랙션에는 탑승자가 아니라 운영자가 안전벨트를 풀 수 있도록 무선으로 안전벨트를 컨트롤하는 시스템을 도입했다.

또한 모든 구성원이 안전 관련 정보 수집에 참여한다. VOC를 통해서도 모니터링을 하지만 파크 내 의무실을 방문한 고객들의 의견도 듣는다. 실제로 일어난 상황을 파악하고 이에 관한 의견을 듣는 것은 파크 내 안전 개선을 위한 귀중한 정보가 되기 때문이다.

현장 근무자인 캐스트들이 직접 고객과 이야기를 나누며 의견을 듣고 관리자들에게 전달하는 방식도 활용한다. 캐스트들은 내부 메신저, 안전 제보 앱 등을 통해 이 같은 고객 피드백을 공유하고 자유롭게 안전 관련 아이디어를 제안한다. 현장을 감독하는 직원들은 신속하게 이를 판단하고 운영에 반영하며 공유해 더 안전한 파크를 만들어간다. 필요한 경우에는 내부의 공식적인 프로세스를 거쳐 안전 기준을 변경하기도 한다.

테마파크 최초의
국제 표준 안전보건경영시스템 인증

에버랜드가 까다롭고 방대한 기준을 잘 지키며 '안전한 파크'를 유지하는 또 하나의 비결은 ISO 인증을 계기로 한 '체계화'와 꾸준한 교육에 있다.

에버랜드는 2019년 테마파크 최초로 ISO45001(안전보건경영시스템), 14001(환경경영시스템), 50001(에너지경영시스템) 인증을 받았다. ISO45001은 작업장에서의 부상과 질병을 예방하며 안전하고 건강한 작업장에 대한 국제 표준 인증으로, 에버랜드가 직원과 방문객의 안전을 종합적으로 관리하고 있다는 데 대한 국제적·객관적인 인증이다. ISO14001은 환경 관리, ISO50001은 에너지 관

테마파크 안전관리의 우수성을 인정받아 2017년 에버랜드는 국내 최초로 세계테마파크협회(IAAPA) 안전 컨퍼런스를 개최했다.

리 시스템에 대한 인증으로 친환경적인 파크 운영 노력을 인정받은 것이다. 에버랜드 안전 시스템이 엄격한 국제 규정을 충족하고 있음을 객관적으로 입증하는 증거이기도 하다.

물론 자연농원 때부터 작성되고 보완해온 안전 관리 자료가 있지만 ISO 인증은 기존의 안전 관리를 더욱 체계화, 구조화하는 계기가 되었다. 인증 획득에만 그치지 않고 실제 운영에 적극 활용한다. ISO 기준에 따른 내부 감사와 경영 검토를 정기적으로 진행하며, 현장에서도 정확히 반영되고 있는지를 점검한다.

이처럼 체계적인 안전관리의 우수성을 인정받아 에버랜드는 2017년, 세계테마파크협회(IAAPA, International Association of Amusement Parks and Attractions)가 주관하는 '안전 컨퍼런스'를 개최했다.

2008년 시작된 세계테마파크협회 안전 컨퍼런스는 세계 각국의 안전관리 노하우와 모범 사례를 공유하고 글로벌 안전 문화를 정착하기 위해 마련된 테마파크 안전 분야 최고 권위의 행사다. 해마다 세계테마파크협회에서 꼽은 안전관리 우수 파크에서 컨퍼런스가 열리는데, 국내에서는 처음으로 2017년도에 에버랜드에서 진행됐다. 당시 행사에는 세계테마파크협회 회장을 맡고 있는 그렉 헤일(Greg Hale) 월트 디즈니 최고안전책임자(CSO)를 비롯해 미국, 호주, 일본, 이탈리아 등지의 테마파크 안전 전문가 100여 명이 참석했다.

에버랜드는 이 자리에서 '테마파크 안전관리'를 주제로 안전관리 인프라, 어트랙션 관리 시스템, 응급상황 대응 체계, 국제 안전인증 획득 등 에버랜드의 철저한 안전관리 시스템을 상세히 소개했다. 특히 사내 모든 회의에서 안전부문 발표 순서를 제일 먼저 실시하고, 안전과 관련된 투자나 프로세스 개선이 있을 경우 최우선 순위로 반영하는 에버랜드의 '안전 중시 문화'가 참석자들의 큰 호응을 얻었다.

캐스트를 안전 전문가로 만드는 에버랜드표 교육

이처럼 높은 수준의 안전을 계속해서 지켜나갈 수 있도록 교육에도 주력한다. 안전 관리 기준을 아무리 잘 만들어두어도 현장에서 이를 운영하는 캐스트나 고객이 지키지 않는다면 아무런 소용이 없다. 결국 안전 관리에서 가장 중요한 요소는 '사람'이다.

특히 에버랜드에서 근무하는 모든 구성원이 높은 안전 의식을 갖추고 이를 일관되게 유지하는 것이 중요하기 때문에 에버랜드는 현장에서 직접 고객을 만나는 캐스트들의 교육을 중시한다. 캐스트들은 단기 근무자가 많기 때

캐리비안베이가 진행하는 세계워터파크협회(WWA, World Waterpark Association) 수상 안전 캠페인. 어린이들에게 수상 안전의 중요성을 전달하기 위해 2010년 시작된 글로벌 캠페인으로, 국내에서는 2017년 캐리비안베이가 최초로 참가했다.

문에 이들이 안전을 최우선으로 인식하도록 하는 데 많은 노력을 기울인다. 안전의 중요성을 지나칠 정도로 강조하는 것은 물론 '반복 숙달'될 때까지 지속적으로 교육한다.

우선 입사 교육 3일 중 하루는 온전히 안전 교육에 할애한다. 에버랜드의 안전 철학, 기본적인 안전 수칙, 비상 상황 대응 방법 등을 포괄적으로 배운다. 부서 배치 이후에는 해당 부서의 특성에 맞는 추가 안전 교육을 한다. 예를 들어 어트랙션 운영에 배치된 캐스트라면 해당 놀이기구의 안전 운영 절차, 긴급 상황 대처 방법 등을 세부적으로 배우고 익힌다. 여기에 매일 아침 TBM(Tool Box Meeting)을 통해 그날의 안전 관련 사안을 공유하고 간단한 안전 점검을 진행한다. 이밖에도 법정 교육에 포함되는 정기 안전 교육, 비상 상황 대응 훈련 등을 정기적으로 실시한다.

고객의 이해와 협조도
필수

에버랜드의 안전과 관련해 고객도 중요한 요소다. 다양한 연령대와 배경을 가진 고객들의 예측 불가능한 행동 속에서 생길 수 있는 돌발 상황에 잘 대처해야 하고, 그러면서도 고객만족도를 유지해야 하는 균형 감각이 필요하다. '에버랜드에서 안전사고가 일어날 리 없고 게다가 자신에게 사고가 날 리 없다'고 생각하는 고객들은 안전에 관한 주의문구나 공지 등을 유심히 들여다보지 않는다. 하지만 에버랜드 안전의 절반은 고객의 협조와 이해에 달려있기 때문에 파크 곳곳에, 그리고 어트랙션마다 안전 주의사항이 다소 과하다 싶을 정도로 배치돼 있다. 활자보다는 픽토그램 등 직관적으로 이해할 수 있는 이미지로 제작하는 한편, 어트랙션마다 캐스트들이 안전에 관한 주의사항을 고객들에게 자세히 전달한다. 안전에 관한 캠페인도 수시로 진행하며, 파크 내의 캐스트들은 육안으로 모니터링을 하고 안전사고가 발생할 위험이 있는 경우에는 직접 고객에게 다가가 설명하기도 한다.

일부 고객들은 이렇게까지 해야 하는지 의문을 제기하기도 하지만, 이는 에버랜드 고객 서비스의 기본이자 토대이기 때문에 친절하면서도 구체적으로, 고객을 설득하기 위해 노력한다.

IT 기술과 결합한
어트랙션 관리

나날이 진화하고 있는 IT 기술의 도입도 안전한 에버랜드를 만드는 데 기여하고 있다. 에버랜드는 세계테마파크협회를 포함한 공신력 있는 기관에서 개최하는 세미나, 컨퍼런스 등에 참여해 안전 관련 신기술과 트렌드를 지속적으로 모니터링한다. 안전을 고도화할 수 있는 새로운 기술이나 트렌드가 포착되면 이를 에버랜드의 환경에 적용할 수 있는지를 검토한다. 이 과정에서 기술의 효과성, 비용 대비 효율성, 기존 시스템과의 통합 가능성 등을 종합적으로 평가한다.

에버랜드에서 안전 관리에 활용하는 대표적인 IT 기술 중 하나를 꼽자면 단연 어트랙션 관리 시스템(AMS)이다. 에버랜드가 자체 개발한 시스템으로 놀이기구의 운행 데이터를 실시간으로 모니터링하고 분석한다. 센서를 통해 수집된 데이터는 중앙관제시스템으로 전송되어 어트랙션의 이상 여부를 실시간으로 확인할 수 있다. 이를 통해 잠재적인 문제를 조기에 발견하고 예방적 유지 보수를 할 수 있어 안전성을 크게 높였다. 이 시스템은 2017년 에버랜드에서 열린 세계테마파크협회(IAAPA) 컨퍼런스에서 발표와 동시에 전 세계 테마파크의 주목을 받았다.

여기까지 언급한 에버랜드의 안전 관리 내용은 빙산의 일각일 뿐, 실제로는 훨씬 더 광범위하다. 그만큼 안전 관리에 투입되는 비용과 인적 자원의 규모도 방대하다. 한편 사고 예방은 잠재적인 손실을 막기 때문에 장기적으로 운영 비용을 절감하는 효과가 있고 안정적인 파크 운영을 가능케 하기 때문에 고객만족도 향상에도 기여한다.

오랜 시간 뚝심 있게 안전에 관한 원칙을 지켜왔기에 에버랜드는 '안전한 파크'라는 브랜드 이미지를 굳건하게 구축했으며, 안전이 무엇보다 중요한 테마파크 업계의 리더이자 본보기로 자리 잡았다.

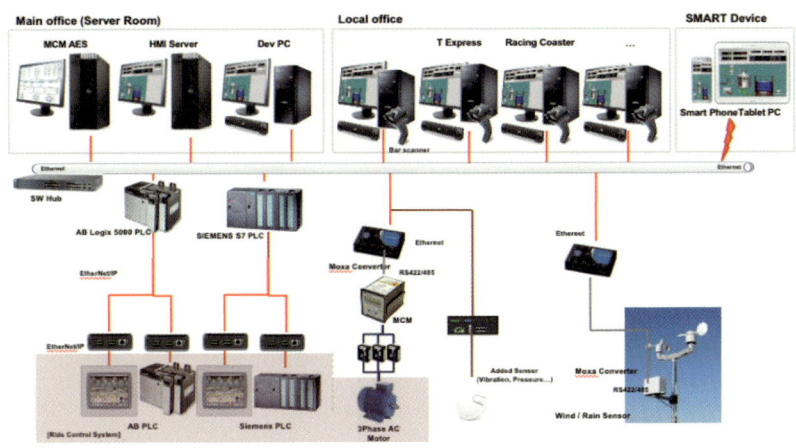

AMS Trial

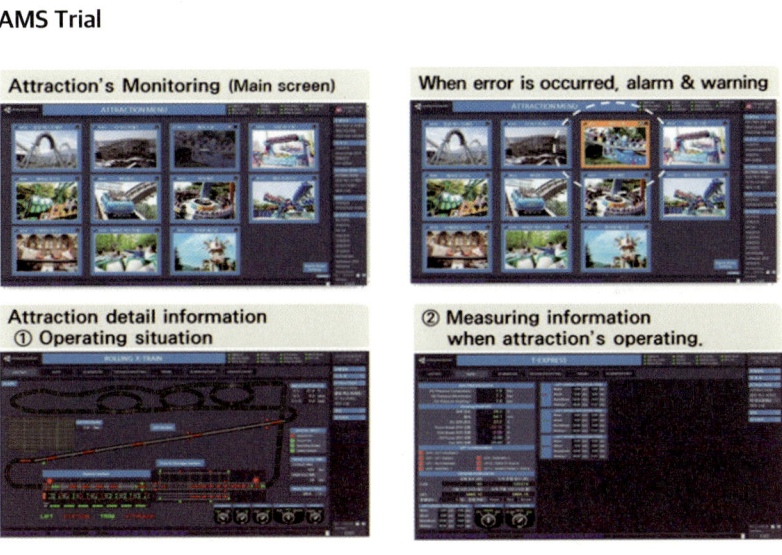

에버랜드는 어트랙션 관리 시스템(AMS)을 자체 개발, 놀이기구의 운행 데이터를 실시간으로 모니터링하고 분석한다.

3

세심한 배려로
경험의 몰입을 높여라

Voice of Customer

저는 지병이 있어 말이 어눌하고 휴대전화 조작이 서툰 환자입니다. 아직 몸을 움직이는 건 문제가 없어 어쩌면 생애 마지막이 될지 모르는 에버랜드에 꼭 한번 가보고 싶다는 생각에 큰마음을 먹고 지난 주말 에버랜드를 방문했습니다. 입장하며 티익스프레스(T-express)를 타고 싶어 물었는데, 설명을 잘못 듣는 바람에 2시간 넘게 테마파크를 헤맸어요. 그러던 중 강민기 캐스트를 만났습니다. 강민기 캐스트는 제 상황을 듣고 스마트 줄서기 예약을 설명하며 앱 설치부터 신청까지 도와주었습니다. 덕분에 제가 바라던 티익스프레스(T-express)를 탈 수 있었네요. 서비스 업무를 담당한다지만, 젊은 직원이 나이 많은 손님을 위해 친절하게 끝까지 도와주는 모습이 너무 감동적이었습니다. 선물이라도 하고 싶은 마음에 콜센터로 전화합니다.
정말 감사합니다.

치밀한 개발 과정,
어트랙션의 새로운 경험을 창조하다

테마파크는 외부 세계와 차단된 특별한 공간에서 색다른 재미와 감동을 느끼는 곳이다. 고객들은 어트랙션, 전시, 체험 등 다양한 프로그램에 참여하고 관여함으로써 평소 느껴보지 못한 '몰입'을 경험한다. 에버랜드는 고객의 몰입을 위해 철저히 비일상의 공간을 조성하기 위해 노력한다. 아주 작은 요소라도 파크 안의 모든 것은 치밀한 기획의 결과물이다.

그중 고객에게 가장 크게 와닿는 비일상적 경험은 어트랙션이다. 어트랙션 도입에는 적지 않은 비용이 소요된다. 한번 설치하면 변경이나 교체가 쉽지 않기 때문에 처음부터 고객들의 니즈와 트렌드를 충분히 읽고 반영해야 한다. 따라서 고객들에게 오랜 기간 사랑받을 수 있는 포인트를 찾는 것이 무엇보다 중요하다. 또, 평생 단 한 번의 탑승으로 끝나는 것이 아니라 매번 색다른 경험과 추억을 만드는 데 심혈을 기울인다.

준비 기간도 그만큼 길다. 어트랙션의 마스터플랜 및 개발은 짧게는 6개월, 길게는 3년도 걸린다. 단순해 보이지만 교량 설계보다 훨씬 고차원적인 기술이 적용되기 때문에 설계 도면과 디자인 작업에서 실제 제작에 이르기까지 숱한 검토와 수정 작업을 거친다.

운영부서를 중심으로 다양한 부서가 협업하는 것은 물론 어트랙션 개발 및 제작을 위한 해외 협력 업체들과도 긴밀한 소통을 이어간다. 담당자들은 새로운 스릴과 안전한 놀이기구를 만들기 위해 어느 한순간도 긴장을 풀지 못한다.

위_캐리비안베이는 워터슬라이드, 풀, 스파 등 20여 종의 물놀이 시설을 보유하고 있다.
아래_에버랜드가 뉴트로 분위기 속에서 어트랙션을 즐길 수 있도록 2018년 처음 선보인 '도라온 로라코스타' 축제는 입장객이 전년 동기간 대비 약 25% 늘었을 정도로 성황을 이뤘다.

개발부터 운영까지,
매 순간 긴장의 연속

어트랙션 개발과 관련, 에버랜드는 두 곳 이상의 외국 업체와 협업한다. 그중 한 곳은 디자인사로, 어트랙션의 스토리와 체험 방식, 설계 도면을 담당한다. 또 한 곳은 어트랙션 제작업체이고, 이후 '제3자 검증업체'가 참여해 설계와 설치 등에 문제가 없는지, 일종의 감리와 같은 검사를 진행한다.

놀이기구는 부지의 지형, 테마파크의 특성을 비롯해 거기에 입히는 스토리, 형태까지 두루 고려해야 한다. 다른 테마파크와 외형상 유사해 보이는 놀이기구라도 고객의 새로운 경험을 위해 에버랜드에 맞게 '맞춤형'으로 개발하고 제작한다.

그러다 보니 설계, 제작 과정에서 변수가 많다. 최근 정교화된 기술로 많이 줄기는 했지만, 실제 설치 시 설계도면과 정확히 들어맞지 않는 경우가 종종 발생한다. '맞춤 제작'의 특성상 예상하지 못한 오차나 문제가 돌출될 경우를 대비해 현장에서 조절할 수 있도록 여유 있게 제작하는 등 설치 과정에서 발생한 문제점은 즉각적으로 제작사와 소통하며 해법을 찾는다.

여기서 끝이 아니다. 시범 운영이나 초기 운영 과정에서도 예측하기 어려운 문제나 변수가 빈번하게 발생한다. 2015년 선보인 캐리비안베이의 메가스톰은

에버랜드 어트랙션 개발 프로세스

Step 1	Step 2	Step 3	Step 4
트렌드 & 부지 분석	어트랙션 콘셉트 및 방향성 기획	어트랙션 설계 및 디자인	설치물 제작

메가스톰은 자기부상 워터코스터와 토네이도가 결합된 캐리비안베이의 대표 어트랙션이다. 지상 37m 높이에서 원형 튜브에 앉아 출발해 355m 길이의 슬라이드를 약 1분간 체험하는데, 급하강, 급상승, 상하좌우 회전, 무중력 체험까지 복합적인 스릴을 맛볼 수 있다.

Step 5	Step 6	Step 7	Step 8
배송(shipping)	설치/시공	시범 운영 및 점검/보완	가동(오픈)

지속가능성은
고객의 감탄과 놀라움에 있다

물과 자석의 원리를 이용해 튜브가 위아래로 움직이는 방식인데, 이를 3회 정도 반복하도록 연출했다. 그러나 시운행 과정에서 보트가 예상 궤도를 벗어나는 일이 생겼다.

본격적인 여름 시즌을 앞둔 상황이라 발등에 불이 떨어졌다. 기술적인 원리부터 탑승자별 체중 오차까지 하나하나 짚어가며 밤낮없이 점검했고, 1,000번 이상의 테스트를 거쳐 문제점을 보완했다. 그 결과 약속된 시간에 고객들과 만날 수 있었다.

2008년 운영을 시작한 티익스프레스도 오픈 초기에는 3량의 열차를 꽉 채워 가동하지 못했다. 원인을 찾기 위해 초기 설계부터 트랙, 전기 등 다양한 자료와 시설을 검토했다. 그 결과 제조 과정에서의 문제임을 확인하고 제조사와 함께 어트랙션을 전면 수정해 이후 가동률을 최대로 높였다. 이처럼 문제를 해결하고 완성도를 높인 덕분에 현장에서의 고객만족도와 체험 몰입도는 한껏 높아졌다. 티익스프레스(T-express)는 지금도 에버랜드를 대표하는 어트랙션으로 그 자리를 확고히 지키고 있다.

현재 에버랜드의 대표적인 여름축제인 슈팅워터펀의 전신인 스플래시 축제도 오픈 직전까지 담당자들의 마음고생이 컸다. 물 축제용 퍼레이드 차량 제작이 기획한 대로 진행되지 않았기 때문이다. 사람도 자신이 들어올릴 수 있는 한계 무게가 있듯이 차량도 기본적인 허용 가능 중량이 있다는 것을 간과한 것이 원인이었다. 여기에 차량 무게 외에 물을 실었을 때의 무게를 제대로 적용하지 못했다. 중간에 설계를 바꾸는 것이 쉽지 않지만 무게 초과를 해결하기 위해 국내외의 사례를 열심히 찾아보고, 부단히 답을 찾아나갔다.

결국 무게를 버틸 수 있도록 차량 바퀴축의 두께도 늘리고, 설계 보완을 통해 문제를 해결했다. 실제 물 축제 오픈 후에는 고객들도 큰 박수로 호응해

위_2015년 개장한 어트랙션 '썬더폴스'는 기존의 플룸라이드와 다르게 백워드 드롭을 통해 재미를 더했다.
아래_물 축제용 퍼레이드 차량의 성공적인 도입 이후 에버랜드는 여름이면 신나는 물 축제 현장으로 변신한다. 사진은 '워터 스텔라' 장면 중 하나이다.

한동안 가슴을 졸인 담당자들의 마음을 뿌듯하게 했다.

폭염에는 방문객이 현저히 줄던 에버랜드는 이제 여름이면 신나는 물 축제 현장으로 변신한다. 퍼레이드 차량의 성공적인 도입과 함께 물 축제는 에버랜드의 여름 풍경을 바꾸었고, 해당 프로젝트를 진행한 실무 담당자들에게는 관련 분야 지식을 보완하는 계기가 되었다.

변화를 두려워하지 않고
새로운 방식에 도전하다

그런가 하면, 2015년 도입한 썬더폴스는 기존과 다른 방식으로 제작된 독특한 어트랙션이다. 20m 높이, 45도 각도로 낙하하며 국내에서는 처음으로 뒤로 떨어지는 '백워드 플룸라이드'라는 점에서 주목받았지만, 개장 직전까지도 담당자들은 마음을 졸였다. 당시 에버랜드의 요구사항에 맞춰 썬더폴스를 디자인하기로 한 외국 업체의 일정에 문제가 생기면서, 개장일을 맞추기 어렵게 되자 '국내 제작'이라는 새로운 시도를 하게 된 것이다.

어트랙션 개발 회사는 설계도를 제공하고, 에버랜드는 국내 공장과 협업하면서 제작, 배송, 설치 과정의 시간을 대폭 단축했다. 그동안 해외에서 제작해 들여오던 것과 다른 제작 방식이었지만, 현장에서 발생하는 문제에 즉각적으로 대응하며 일정에 맞춰 고객들에게 선보였다는 점에서 좋은 선례가 되었다.

어트랙션 개발과 제작 과정에서 예상하지 못한 변수가 새로운 고객 경험을 만드는 경우도 있다. 수륙양용차로 초식동물 세계를 탐험하는 '로스트밸리'는 초기에는 정적인 관람 형태로 이뤄졌다. 그런데 다소 예민하고 위험한 동물이라고 인식하던 기린이 수륙양용차를 따라오며 관심을 보인 것이다. 이에 안전한 범위에서 캐스트가 먹이를 주는 퍼포먼스를 통해 고객들이 더 가까이에서 기린을 관찰할 수 있는 드라마틱한 경험을 만들어냈다. 동적인 연출을 추가하며 어린이 고객은 물론 성인 고객들의 관심까지 불러 모았고, 지금도 고객의 큰 사랑을 받는 인기 어트랙션 중 하나다.

비대면 시대에 맞게 서비스 경험도 진화하다

에버랜드의 서비스는 캐스트들이 즐겁고 신나게 일하며, 활기와 감동을 불러일으키는 '쇼'가 핵심이다. 고객을 응대하며 짓는 표정, 말투, 동작이 중요한데, 이 모든 것은 '대면 서비스'라는 전제 조건을 바탕으로 한 지침이었다.

코로나19 팬데믹 이후 사회 전체에 비대면 서비스가 활성화되면서 고객들 역시 비대면 서비스에 익숙해졌다. 또한 코로나19라는 신종 감염병은 다중이용시설의 취약성을 돌아보게 하는 계기가 되었다. 친절한 서비스가 반드시 대면으로 이루어져야 하는 것은 아니라는 인식이 확대되었고 에버랜드 역시 고객들이 원하는 친절한 서비스의 형태도 이전과는 달라졌다고 판단했다. 디지털 기기에 친숙한 고객들은

놀이기구 앞에서 직접 줄을 서지 않고 에버랜드 모바일 앱을 이용해 탑승 예약을 할 수 있는 서비스인 '스마트 줄서기.' 앱에서 이용권을 등록한 뒤 앱을 열면 놀이기구별로 스마트 줄서기, 레니찬스, 일반 대기를 선택할 수 있다.

친절한 인사보다 편리함을 원했다. 대기 시간이나 번거로움을 줄여주는 것이 고객의 니즈에 더 맞았다. 비대면 디지털 기술로 서비스를 혁신해야 했다.

그렇게 탄생한 것이 바로 '스마트 줄서기'다. 스마트 줄서기는 GPS를 이용해 에버랜드에 입장 후 클릭만으로 나의 아바타를 대신 줄 세울 수 있다. 특정 장소에 방문하지 않고도 순서를 받을 수 있으며, 이전보다 줄 서는 시간을 줄이는 동시에 테마파크의 곳곳을 경험할 시간을 벌어주었다. 줄이 너무 길어 어트랙션 탑승을 포기하던 사람들에게도 도전 기회를 제공했다. 스마트 줄서기를 이용할 수 없는 외국인 고객을 위해 키오스크를 운영하기도 했다.

캐리비안베이에도 변화가 생겼다. 캐리비안베이 내에서 현금이나 신용카드 대신 사용하던 선불 시스템인 베이코인을 모바일 앱에 도입한 것이다. 충전소나 키오스크 앞에서 길게 대기할 필요가 없어진 만큼 놀이시간을 확보했다. 구매 내역은 모바일에서 실시간으로 확인 가능하며, 기존에 현장에서 환불받아야 하는 미사용 금액 역시 다음 날 자동으로 환불돼 편리성을 더했다.

이처럼 에버랜드는 고객의 몰입과 경험을 위해 작은 부분도 세심하게 배려하며 끊임없이 변화를 시도해왔다. 에버랜드가 오랜 시간 많은 이들에게 사랑받는 공간이 된 것은 시대 변화와 고객의 니즈에 맞춰 서비스 형태를 변화시킨 덕분이다. 고객의 새로운 경험과 몰입을 향한 에버랜드의 도전과 혁신은 계속될 것이다.

에버랜드 스타 열전 ❶

티익스프레스(T-express), 극강의 스릴감으로 고객을 사로잡다

2008년 3월 오픈한 티익스프레스는 총 9만1,481개의 조각을 이용해 만든 우든코스터다. 트랙 길이 1,641m에 3분간 최고 시속 104km, 최고 높이 56m, 낙하각도 77도로 최강의 스릴감을 자랑한다.
티익스프레스는 에버랜드의 대표 어트랙션으로 에버랜드를 방문한 고객들은 꼭 한번 타보기 위해 긴 대기시간도 마다하지 않는다. 첫 낙하부터 중간 브레이크 구간까지 숨이 멎을 듯한 강력한 긴장감과 공포가 엄습하고, 하강 시 굉음까지 어우러져 보는 것만으로도 아찔하다. 이런 특성 때문에 각종 예능 방송과 유튜브 등에서 담력 테스트를 위한 최적의 놀이기구로 등장하기도 했다.
국내 최초의 우든코스터로 화제가 된 티익스프레스는 2023년 일부 트랙을 교체하며 변신을 꾀한다. 'The Iron Rebirth'라는 콘셉트하에 전체 트랙 중 가장 스릴 강도가 높은 최초의 낙하부터 약 380m 고속 구간에 나무(wood) 대신 스틸(steel) 트랙을 접목했다.

투박하고 클래식한 우든코스터와 부드럽고 안정적인 스틸코스터의 승차감을 모두 경험하는 하이브리드 롤러코스터를 구현한 것이다.
리뉴얼 콘셉트에 맞게 메인 사이니지, 컬러, 인테리어 등도 새롭게 연출했고, 약 5개월간의 작업 기간을 거쳐 2024년 4월부터 운행을 재개했다. 에버랜드는 새로워진 티익스프레스를 고객들이 경험할 수 있도록 유튜브와 인스타그램에 티익스프레스 인형 탑승 영상을 공개했다. 리뉴얼을 마친 놀이기구에 푸바오, 마이멜로디, 나무늘보 등 대형 인형을 탑승시켜 시운전하는 모습으로, 큰 관심을 끌었다.

4

나 홀로 성장은 없다,
멀리 가려면 함께 가라

Voice of Customer

대망의 블러드시티에 다녀왔습니다. 〈지금 우리 학교는〉의 열혈 시청자였기에 더욱 기대가 컸어요. 남라, 청산, 온조 등 드라마 캐릭터들이 똑같이 등장하고, 교실 창틀을 사이에 두고 좀비들과 대치하는 장면 등 드라마 속 명장면들을 눈앞에서 보니 정말 실감 났어요. 이미 입구에서부터 음산한 기운이 느껴지면서 좀 오싹하더라고요. 실제로 좀비들이 나타날 때 무섭다고 도망치는 아이들도 있었어요.
음악과 연출 모두 최고였답니다. 효산고 교복을 빌려 입고 좀비 분장을 해볼 수 있었던 것도 좋았고, 학교 급식실처럼 꾸민 음식점에서 밥 먹는 것도 색다른 재미였어요. 끝나기 전에 다시 한 번 가려고요. 정기권이 곧 끝나가는데 아무래도 재연장을 해야 할 것 같아요.

협업, 스토리와 몰입감을
더욱 단단하게 만들다

가을이면 에버랜드에는 초대형 팝업 '블러드시티'가 문을 연다. 올해로 여덟 번째 시즌에 돌입한 블러드시티는 가을을 대표하는 에버랜드 야외 테마존으로, 매년 새로운 스토리와 다양한 컬래버를 선보이며 이색 체험을 즐기는 MZ세대 사이에서 일종의 성지로 자리 잡았다.

2024년 가을에는 세계적인 엔터테인먼트 스트리밍 서비스 넷플릭스와 손을 잡고 스크린 속 스릴감을 현실에서 짜릿하게 경험할 수 있는 블록버스터급 체험 공간을 만들었다. 9월 6일부터 11월 17일까지 두 달여간 운영한 블러드시티에서는 〈지금 우리 학교는〉, 〈기묘한 이야기〉 등 넷플릭스 인기 IP 시리즈를 몰입감 있게 만나볼 수 있었다.

에버랜드는 넷플릭스 인기 IP를 고객들이 생생하게 경험할 수 있도록 약 1만㎡ 규모의 블러드시티를 영화 세트장을 방불케 하는 압도적 규모로 연출했다.

넷플릭스 좀비 드라마 〈지금 우리 학교는〉 테마 체험존은 좀비에게 점령당한 효산고등학교와 효산 시내를 폐허가 된 건물, 급식실, 상점가 등의 모습으로 실감나게 연출했고, 조명, 매핑, 사운드 등 특수 효과를 입체적으로 가미해 몰입감을 더욱 극대화했다.

또한 1980년대 미국을 배경으로 한 SF 스릴러 호러 드라마 〈기묘한 이야기〉 테마 체험존은 스타코트 몰, 지하 비밀기지, 뒤집힌 세계 등 다양한 공간들을 레트로풍으로 꾸며놓았다.

드라마에 나오는 메인 빌런인 마인드 플레이어(The Mind Flayer) 조형물도 약 7m 높이로 조성돼 포토스팟으로 큰 인기를 끌었고, 다양한 체험 프로그램

2024년 에버랜드는 세계적인 엔터테인먼트 스트리밍 서비스 넷플릭스와 함께 공포테마존 '블러드시티(Blood City) 8'을 제작했다. 스크린에서 느낀 짜릿한 재미를 현실로 옮겨와 고객들에게 특별한 엔터테인먼트로 각광받고 있다.

도 마련했다.

한편, 블러드시티 특설 무대에서는 좀비 바이러스가 퍼진 효산고 학생들의 탈출기를 다룬 넷플릭스 원작 스토리를 국내 최초 라이브 쇼로 재현한 '지금 우리 학교는 LIVE' 공연이 매일 저녁 펼쳐졌다. 실제 드라마에 나오는 과학 선생님의 음성을 따라 공연이 시작되고, 연기자들이 객석 사이를 뛰어다니며 긴장감을 높이는 등 완성도 높은 무대 연출과 입체음향 시스템을 통해 몰입을 극대화했다.

극강의 공포를 경험할 수 있는 '호러메이즈'도 〈지금 우리 학교는〉을 콘셉트로 새롭게 리뉴얼했다. 양호실, 도서관, 과학실 등 9개의 미로 공간과 좀비 의상은 원작 드라마 속 모습을 그대로 구현했고, 프리쇼 공간부터 방금 드라마에서 나온 듯한 연기자가 등장해 더욱 생동감 있는 공포체험을 선사했다.

국내에서 넷플릭스 체험존이 신작 중심의 팝업 형태로 운영된 적은 있지만, 복수의 드라마 IP를 활용해 에버랜드와 같은 대규모 야외 장소에 공간 연출, 공연, 이벤트, 식음, 굿즈 등이 어우러진 복합 체험존으로 장기간 선보인 건 이번이 처음이다.

블러드시티 오픈 이후 고객들의 생생한 체험 후기와 인증 사진 등이 이어지며 온라인 버즈량은 전년 동기간 대비 7배 이상 증가했고 유튜브·인스타그램 등 에버랜드 SNS 채널에 올라온 블러드시티 영상 조회 수는 1,000만 뷰를 돌파했다.

우리나라뿐만 아니라 외국에서도 유명세를 얻어 블러드시티 오픈 이후 외국인 방문객 수는 전년 동기간 대비 2배가량 증가했다.

호러 콘텐츠의
새로운 지평을 열다

에버랜드가 2010년 호러 빌리지를 통해 선보인 호러 콘텐츠는 2017년부터 시작한 블러드시티를 통해 대폭 확장됐다. 2022년에는 〈오징어 게임〉으로 미국 에미상을 수상한 채경선 미술감독과 협업해 화제가 되었다. 특히 알파인 지역 일대를 거대한 기차역으로 꾸미고 좀비들로 가득한 도시를 탈출하기 위해 199번 급행열차(티익스프레스)를 타야 한다는 스토리를 입혀 흥미를 더했다. 기차역은 실제 기차를 수급해 탈선한 기차로 연출하고, 철로, 터널, 네온사인 등 영화 세트장을 방불케 하는 압도적인 규모로 만들었다. 실감 나는 연출은 더욱 오싹하고 음산한 분위기를 조성해 몰입도를 높이며 많은 관람객을 불러 모았다.

2023년에도 채경선 미술감독과 손잡고 '화이트Z: 희망의 씨앗'이라는 콘셉트로 도시를 통제하는 다크X에 대항하는 화이트Z를 등장시킴으로써 세계관을 확장시켰다.

블러드시티가 선과 악이 대립하는 구도를 매년 빌드업하며 Z세대(1990년대 중반에서 2010년대 초반 사이에 태어난 세대)를 불러 모았다면, 2022년과 2023년의 협업은 연출력을 강화하고 몰입도를 높여 더욱 탄탄한 팬덤을 형성하도록 유도했다. 그중 전화로 참여하는 생존자 선별 검사 'Call 199' ARS 이벤트, '화이트Z 입단 도전' 이벤트 등 참여형 콘텐츠를 적극적으로 활용함으로써 수동적인 관람보다 직접 체험하는 것을 선호하는 1020세대의 마음을 사로잡았다.

봄꽃 축제의
고객 스펙트럼을 넓히다

봄꽃 축제의 관람객 폭도 대폭 넓어졌다. 그동안 꽃 축제의 대상은 주로 가족 단위 고객이었다. 하지만 최근 몇 년 새 젊은 고객들의 관심이 부쩍 높아졌다. 그 뒤에는 외부 지식재산권(IP)이나 유명 작가와의 협업이 있다.

2024년 에버랜드는 산리오캐릭터즈와 컬래버한 대규모 야외 튤립가든을 선보였다. 산리오캐릭터즈 중 에버랜드와 잘 어울리는 헬로키티, 마이멜로디, 쿠로미, 시나모롤, 폼폼푸린, 포차코, 리틀트윈스타를 이용해 캐릭터별 테마 포토존을 조성하고, F&B, 굿즈, 어트랙션에도 캐릭터를 도입해 오감을 자극했다.

팬덤을 형성하고 있는 유명 캐릭터들이지만 도입 당시에는 무척 조심스러웠다. 자주 접하는 캐릭터인 만큼 에버랜드만의 독특한 포인트가 없다면 차별화가 어렵기 때문이다. 에버랜드는 여느 테마파크에서 보기 힘든 아름다운 가든을 이용해 '페어리타운(요정마을)'이라는 콘셉트를 설정하고, 이곳에 초대된 산리오캐릭터즈들이 꽃과 함께 봄을 즐긴다는 스토리를 담았다.

이와 함께 약 7m 높이의 쿠로미 시그너처 포토존, 테마 팝콘 트럭, 포차코의 아이스크림 가게, 마이멜로디와 함께하는 낭만 피크닉 가든, 리틀트윈스타의 트윙클 스토어 등 캐릭터별로 가든 체험부터 F&B와 굿즈 상점까지 곳곳에서 특별한 한정판 경험을 제공했다.

산리오캐릭터즈를 사랑하는 10대부터 30대, 그리고 가족 단위 고객까지 기대 이상의 사랑을 받으며 열흘 만에 약 20만 명이 에버랜드를 방문하는 대기록을 세웠다. 2023년 같은 기간 대비 방문객이 약 20% 증가한 것이다. 온라인 커뮤니티와 SNS에서 고객들의 뜨거운 반응이 이어졌고, 유튜브나 인스타

2024년 튤립축제에서는 산리오캐릭터즈와 컬래버한 대규모 야외 테마정원을 선보였다. 산리오캐릭터즈 중에서도 헬로키티, 마이멜로디를 비롯해 가장 인기 있는 캐릭터로 구성하고 먹거리와 굿즈, 어트랙션까지 오감 체험이 가능해 전 연령층의 사랑을 받았다.

그램 등 에버랜드 SNS 채널에 올라온 튤립축제 콘텐츠는 누적 조회 수 400만 회를 돌파했다.

외부 작가와의 협업도 활발하다. 카페 노티드 캐릭터, 오마이걸 앨범 커버 작업 등으로 유명한 이슬로 작가와 손잡고 2022년에 만든 '튤립파워가든'은 고객에게 행복한 에너지를 선사했다. 코로나19 팬데믹의 장기화로 지친 고객들에게 튤립처럼 강인하고 생동감 넘치는 봄 에너지를 전달하고자 기획한 이 콘셉트는 기존의 에버랜드 튤립 캐릭터인 튤리를 작가만의 이미지로 재해석하고, 새롭게 만든 캐릭터 히어로즈와 함께 '튤립이 세상을 구한다'는 영웅적 서사를 녹였다.

이외에도 아기호랑이, 판다, 레니, 라라 등 에버랜드의 다양한 캐릭터가 이슬로 작가의 일러스트 작품으로 재탄생해 눈길을 끌었다. 특히 이슬로 작가는 작가로 데뷔하기 전 에버랜드에서 캐스트로 활동한 바 있다. 그 애정과 관심이 밝고 사랑스러운 에너지를 전달하는 데 원동력이 된 것으로 평가된다.

K팝과 함께 만드는 에버 유니버스

세계적인 인기를 누리고 있는 K팝 스타들과의 협업도 빼놓을 수 없다. 에버랜드는 2010년대 초부터 K팝 홀로그램 공연장을 여는 등 테마파크 안에서 즐길 수 있는 K팝 콘텐츠를 꾸준히 제공했다. 2022년에는 엔터테인먼트의 아티스트 지식재산권(IP)을 활용한 멀티미디어쇼와 체험형 콘텐츠를 생산했다.

그중 대표적인 것이 BTS의 음악과 뮤직비디오를 이용한 멀티미디어쇼 '오버 더 유니버스'다. BTS의 히트곡에 영상, 음향, 불꽃, 조명 등의 특수효과를 입힌 상설 멀티미디어쇼로, 하이브 엔터테인먼트와 함께 4개월가량 공연을 준비했다.

'다이나마이트', '버터', '퍼미션투댄스', '쩔어', 'DNA', '봄날', '메킷라이트' 등 BTS의 글로벌 히트곡 7곡을 15분 분량의 뮤직비디오로 새롭게 편집해 약 1만㎡ 규모의 포시즌스가든 어디서나 관람할 수 있도록 했고 길이 24m, 높이 11m의 LED 대형 스크린을 통해 상영해 몰입감을 더욱 높였다. 하이라이트 부분에서는 불꽃놀이가 더해지며 이들의 무대에 화려함을 더했다. 초대형 무대 스케일과 영상미는 BTS 팬뿐만 아니라 일반 고객들의 눈과 마음을 사로잡기에 충분했다.

SM엔터테인먼트와 함께한 'EVER SMTOWN'도 있다. 이 프로젝트는 SM

엔터테인먼트의 미래 핵심 가치이자 비전으로 제시하는 '메타버셜 오리진 스토리 SMCU(SM Culture Universe)'를 결합한 세계 최초의 체험 콘텐츠다.

허리케인, 범퍼카, 아마존 익스프레스, 티익스프레스, 더블락스핀, 뮤직가든 등 에버랜드의 주요 어트랙션과 가든에 증강현실(AR) 영상, 포토존 등의 디지털 기술을 접목시켜 놀이기구를 타거나 정원을 산책할 때 SMCU의 세계관을 경험하도록 구성했다. 오감으로 느끼는 K콘텐츠로 K팝 팬들이 홈페이지에 역대 최고의 동시접속을 함으로써 새로운 에버랜드의 역사를 기록했다. 글로벌 팬덤의 한국 방문을 유도하는 요인이 되기도 했다.

에버랜드가 SM엔터테인먼트와 함께 준비한 '에버 라이즈(EVER RIIZE)'. 데뷔 1주년을 맞은 K팝 아이돌 그룹 라이즈와 에버랜드의 컬래버 프로젝트로, 라이즈 IP를 활용한 다채로운 체험 공간과 콘텐츠를 직접 경험할 수 있다.

세계적인 수준의 서커스 공연, '레니의 컬러풀 드림'

2024년 새롭게 선보인 '레니의 컬러풀 드림'도 화제다. 이미 '에버랜드에 가면 꼭 봐야 할 공연'으로 입소문이 났고, 공연이 시작된 5월 초부터 연일 매진 행렬을 이어가 한 달 남짓한 기간 동안 4만여 명이 관람하는 대기록을 세웠다.

'레니의 컬러풀 드림'은 서커스 공연으로, 준비 기간만 1년이 걸린 대작이다. 1,000석 규모의 대형 실내 공연장인 그랜드 스테이지에서 하루 두 차례 공연한다.

세계적인 쇼를 꿈꾸는 링마스터와 단원들의 이야기가 서커스, 댄스 등을 통해 40분간 다이내믹하게 펼쳐져 한순간도 눈을 떼기 어렵다. 특히 트램펄린, 티터보드, 에어리얼 루프 등 세계 유명 서커스에서나 볼 수 있는 최고의 묘기가 펼쳐진다.

에버랜드는 이 공연을 위해 에티오피아, 베네수엘라, 러시아, 몰도바, 벨라루스 등 5개국에서 실력 있는 서커스 단원들을 섭외했다. 공연마다 보통 34명의 배우가 등장하는데, 빨강·노랑·초록 등 화려한 색감의 의상이 시선을 사로잡는다. 서커스와 댄스를 함께 볼 수 있도록 공연을 다채롭게 구성한 것도 몰입감을 극대화한다. 쾌적한 실내 무대라 더위, 우천 등 날씨에 상관없이 언제나 관람 가능하다는 점도 인기 요소로 꼽힌다.

서커스 외에도 퍼레이드, 불꽃쇼, 댄스 등 다양한 공연을 마련해 고객들에게 환상적인 경험을 선사하고 있다. 각각 낮과 밤을 대표하는 '카니발 판타지 퍼레이드'와 '문라이트 퍼레이드'는 성인 관객들까지도 동심에 빠져들게 하고, 수천 발의 불꽃과 영상, 조명, 특수효과 등이 어우러지는 멀티미디어 불꽃쇼 '주크박스 렛츠댄스'는 에버랜드에서의 화려한 피날레를 담당한다. 형형

'레니의 컬러풀 드림'은 관람객 대상 만족도 조사에서도 95점 이상을 받으며 지금까지 에버랜드에서 진행된 실내 공연 중에 가장 높은 점수를 기록하고 있다. 95점 이상은 티익스프레스, 사파리월드, 로스트밸리 등 에버랜드 최고 인기 시설들과 고객만족도가 유사한 수준이다.

지속가능성은
고객의 감탄과 놀라움에 있다

색색의 깜찍한 옷을 입은 연기자들이 등장해 약 20분간 댄스를 선보이는 '레니와 라라의 매지컬 스케치북' 공연까지 신나고 다채로운 볼거리는 에버랜드 방문객의 만족도를 높이는 요인이다.

에버랜드만의
차별화된 콘텐츠를 준비하다

에버랜드는 짜릿한 어트랙션뿐만 아니라 식물과 동물 콘텐츠까지 아우르는 자연 친화적인 공간이다. 이처럼 전 세대를 아우를 수 있는 요소를 적극 활용해 에버랜드만의 차별화된 콘텐츠를 만드는 데 집중하고 있다. 축제나 공연 콘셉트에 맞게 동물, 식물, 어트랙션, 공연, F&B, 굿즈(마케팅 상품) 등의 여러 자원을 유기적으로 연결해 복합적이면서도 다채로운 경험을 고객에게 선사한다.

퍼포먼스와 연출 부분의 역량도 적극적으로 발휘한다. 야외 공간을 적극 활용해 불꽃, 조명을 더욱 화려하게 사용함으로써 연출력을 강화한다. 공연, 퍼레이드 등에 참여하는 댄서와 연기자들은 콘셉트에 맞게 연기와 군무를 수행할 수 있도록 지속적으로 평가하고 수정하는 과정을 거친다. 집요한 연습 과정과 준비를 통해 디테일한 요소에서도 빈틈이 생기지 않도록 노력한다.

축제와 공연에 대한 고객만족도는 현장에서 즉각적으로 나타난다. 고객만족도를 가장 빠르고 정확하게 듣기 위해 에버랜드는 콘텐츠를 구현하는 현장에 직접 뛰어들어 고객의 참여도, 관심 등을 파악한다.

20대 캐스트부터 50대 임원진까지 다양한 연령대의 구성원들도 봄, 여름, 가을, 겨울 열리는 축제에 직접 고객이 되어 참여하고, 모니터링한다. 축제를 즐기는 고객의 반응 하나하나에 귀를 기울이며 개선점을 찾고, 다음 해 축제 준비에 반영한다.

    때때로 내부고객을 대상으로 한 테스트나 시연도 진행한다. 대표적인 사례가 2019년, 크래프톤과 협업해 실사판으로 즐길 수 있도록 구현한 '배틀그라운드 모바일'이다. 실제 게임처럼 배틀그라운드에 등장하는 무기를 선택할 수 있고, 탄약 충전, HP 회복도 체험하며 제한시간 내에 많은 포인트를 획득한 팀이 승리하는 팀 데스매치 서바이벌 게임을 기획했다. 게임을 좋아하는 젊은 세대를 타깃으로 하는 콘텐츠인 만큼 오픈 전 캐스트를 초청해 게임을 시연하고 의견을 수렴해 곧바로 보완하기도 했다.

    특히 에버랜드에 남다른 애정을 가진 20대 캐스트들은 축제와 공연의 내실을 기하는 내부고객이자 잠재고객이라는 점에서 완성도 높은 축제를 만드는 데 큰 도움을 주고 있다.

CHAPTER 3

Cast Partnership

내부 고객과의
파트너십이
성장의
중심이다

1

캐스트의 역량을
분석하고, 내재화하다

Voice of Customer

몇 시간 동안 마음 졸이다 이제야 놓았습니다. 중학교 입학한 큰아이가 친구들과 에버랜드에 놀러갔다가 지갑을 잃어버렸다고 연락이 왔어요. 친구들에게 폐를 끼치고 싶지 않고, 자기도 걱정이 되니 울면서 전화를 했는데, 제가 가기는 너무 멀어서 일단 식당에 들어가 도움을 요청하라고 했습니다. 그런데 저희 아이가 복이 많아 함원식 캐스트님을 만났네요. 아이가 상처받지 않도록 본인의 카드로 결제해주시고, 아이 걱정하지 말라고 저에게 전화와 문자까지 주셨어요. 불안한 엄마의 마음까지 헤아려주시는 따뜻한 마음에 울컥했습니다. 아이 혼자 처음 간 에버랜드에서 아름다운 기억 안고 돌아오게 해주신 캐스트님에게 다시 한 번 감사드립니다. 나중에 꼭 들러서 인사드릴게요.

에버랜드 서비스의 키맨, 캐스트

'구슬이 서 말이라도 꿰어야 보배'라는 말이 있다. 기업이 아무리 훌륭한 서비스 철학과 비전을 수립했다고 하더라도 현장에 반영되지 않으면 무용지물이다. 에버랜드 서비스가 오랜 기간 최정상의 자리를 지키는 배경에는 이처럼 고객만족을 넘어 고객감동을 만드는 캐스트들이 있다.

에버랜드는 파크에 근무하는 아르바이트 직원들을 '캐스트'라고 부른다. 파크 전체를 하나의 공연장으로 생각하고, 그 안에서 모두 일정한 배역을 맡아 공연이 성공적으로 수행되도록 역할을 다한다는 의미에서 만든 용어다. 즉 캐스트는 단순한 아르바이트생이 아니라 고객 접점에서, 고객만족을 위해 '자신만의 서비스를 연출하는 배우'이다.

캐스트는 놀이기구인 어트랙션 담당부터 식음료 매장, 기념품 판매점, 동물원, 조경, 청소 등 모든 분야에 걸쳐 있다. 각자 소속된 부서에 따라 하는 일은 다르지만, 이들의 공통된 사명은 '에버랜드를 찾는 사람들에게 행복한 시간을 만들어주는 배우가 되는 것'이다.

일례로, 파크를 돌며 청소하는 캐스트는 단순히 쓰레기를 치우는 것이 아니라 깨끗한 환경을 제공함으로써 고객에게 쾌적함을 선물하는 사람이다. 길을 잃은 고객에게 친절하게 길을 안내해주고, 사진을 찍어주는 것도 이들의 역할이다.

이전까지만 해도 고객 서비스는 '형식적으로 해야 하는 귀찮은 일'이라는 인식이 강했다. 하지만 파크 근무자들을 '배우'로 만들고, 저마다 맡은 업무는 '고객을 위한 공연'이라는 새로운 접근법은 일하는 방식을 변화시켰다.

매일 똑같이 수행해야 하는 업무가 지루한 일상이 아니라 파크라는 큰 무

캐스트들은 뮤직비디오, 웹드라마 등 새로운 미디어를 통한 고객과의 소통에도 적극적으로 나선다.
사진은 2019년 캐스트들이 직접 제작한 뮤직 비디오의 한 장면

대에서, 고객만족을 위해 자신의 숨은 재능과 역량을 펼치는 일종의 연기 활동인 것이다. 에버랜드 서비스아카데미가 2001년 발간한 『에버랜드 서비스 리더십』이라는 책에는 캐스트의 도입이 어떤 변화를 가져왔는지에 대해 이렇게 설명한다.

"연기를 하는 배우들 사이에는 위도 아래도 없다. 자신에게 주어진 역할에 책임지고 고객이 만족할 수 있는 연기만 열심히 하면 되는 것이다. 수평적 사고 속에서 최선을 다해 서비스하는 사람이 바로 캐스트이다. (중략) 과거에 너는 청소부, 나는 사무실에 앉아 있는 사람, 나는 매장에 근무하는 사람, 너는 놀이 시설을 운영하는 사람 등 보이지 않는 차별과 갈등이 있었고, 이것이 고객 서비스에 부정적인 영향을 미쳤던 것이 사실이었다. 그러나 에버랜드는 캐

스트 제도의 도입을 통해 접점의 직원들을 독립된 자신만의 서비스를 창조하는 배우로 만들어냄으로써 에버랜드에 고객만족형 서비스가 일상적으로 흐르도록 만들고 있다."

'완벽한 공연을 만드는 배우'라는 새로운 접근법

에버랜드 캐스트 서비스는 2002년, 감성연출 서비스의 도입과 함께 또 다른 도약을 맞는다. 20대 초·중반으로 구성된 캐스트들의 젊음과 활력을 서비스에 접목한 것이다. 어트랙션 운영팀처럼 고객 접점에 있는 캐스트들에게는 춤과 노래 등 '엔터테인먼트' 요소를 가미해 활기찬 분위기를 만든 것도 눈에 띄는 변화였다.

고개를 숙이는 인사 대신 손으로 하는 핸드롤링 서비스를 시작했고, 매직 스펠(Magic-Spell)로 확장했다. 매직스펠은 간단한 노래와 안무로 전하는 에버랜드만의 환영 인사다.

캐스트들은 직접 만든 신나는 댄스와 안내 멘트 등으로 긴 대기 시간에 지친 고객들에게 즐거움을 선사했다. 대표적인 예가 '아마존 익스프레스'다. 에버랜드의 대표적인 워터 어트랙션인 아마존 익스프레스는 캐스트들의 재미있는 안내 멘트와 흥겨운 군무로 유명하다. 이들의 공연을 보기 위해 찾아오는 사람들이 있을 정도다.

아마존 익스프레스 캐스트들은 '젖으니 주의하라'는 메시지를 지루하지 않게, 적당히 변주하며 3분 이상 쉴 새 없이 말해야 한다. 간단해 보이지만 오랜 연습이 필요해 아무나 할 수 없다. 그럼에도 불구하고 이들은 자발적으로

위_2018년 핼러윈 축제를 맞아 제작한 립덥 동영상의 한 장면. 립덥(Lip-Dub)이란 립싱크와 더빙의 합성어로, 뮤직비디오 형식의 영상물을 말한다. 에버랜드 내 다양한 분야에서 근무하는 100여 명의 임직원들이 참여했다.
아래_장미원을 배경으로 촬영한 여러 분야의 캐스트들

잠도 줄여가며 열심히 외우고 익혀 완벽한 공연을 준비한다.

　다른 분야 캐스트들도 마찬가지다. 어떤 고객에게는 에버랜드가 어쩌면 평생에 한 번일 수도 있다는 생각으로, 모든 고객이 행복과 감동을 느낄 수 있도록 진심 어린 서비스를 제공하기 위해 노력한다. 무대를 위해 최선을 다하는 배우로서 열정과 노력을 기울인다. 에버랜드 서비스의 근간은 바로 이 '캐스트'라는 독특한 문화에 있다.

캐스트 역량 강화를 위한
R&D 프로젝트를 진행하다

　캐스트에 지원하는 사람들은 보통 20대 초·중반으로, 대학생이거나 취업 준비생이다. 그렇다면 근무 기간이 길지 않은, 비정규직인 이들이 이처럼 놀라운 서비스를 만들어내는 이유는 무엇일까?

　그 뒤에는 2014년 진행한 '캐스트 역량 강화 프로젝트'가 있다. 이미 오랫동안 서비스 업계를 선도해온 에버랜드는 새로운 수준의 서비스가 필요하다고 판단, '서비스 전문가'라는 관점에서 캐스트의 역량 강화를 위한 특별한 프로젝트를 준비했다.

　그동안 '서비스 역량', '고객지향성' 등으로 표현되던 다소 추상적인 개념에서 벗어나, 고객 감동을 위해 현장에서 무엇을 어떻게 해야 하는지에 대한 연구를 본격적으로 시작한 것이다. '캐스트 서비스 개선 중장기 대책'의 일환으로 진행된 '파크 서비스 역량 분석'은 마무리까지 무려 1년이 걸렸을 만큼 심혈을 기울인 작업이다.

　캐스트의 업무는 어떤 면에서 단순하다. 업무 지침에 따라 일하되, 상황에 맞추어 고객의 요구에 대응하면 된다. 하지만 매일 수많은 상황이 벌어지는 현장은 매뉴얼만으로는 한계가 있고, 캐스트 개인의 서비스 마인드에 기댈 수밖에 없다. 서비스 역량 분석을 위해 모인 전문가들이 주목한 것도 이 대목이다. 관리자들이 추천한 우수 캐스트들을 심층 인터뷰해 그들이 왜 고객들에게 반복적인 칭찬을 받는지를 살폈다.

일례로, 파크에서는 유모차를 밀고 다니는 고객을 흔히 볼 수 있다. 고객이 언덕길에서 힘들어할 때 곧바로 달려가 도움을 주는 캐스트가 있는 반면, 그렇지 않은 캐스트도 있다. 많은 캐스트를 면담하는 과정에서 유모차와 씨름하고 있는 고객의 모습이 누군가에게는 얼른 눈에 들어오지만, 누군가의 눈에는 보이지 않는다는 흥미로운 결과를 얻었다. 고객에 대한 관찰, 혹은 사람에 대한 관심이 캐스트에게 얼마나 중요한 역량인지를 발견했다.

이 과정을 통해 에버랜드는 '캐스트 역량 사전'을 만들었다. 기회포착 역량, 정서 역량, 정보 역량, 서비스이행 역량, 서비스 마인드 등 크게 5가지 항목으로 나누고, 이를 다시 세분화해 총 20개의 역량을 도출했다. 캐스트들이 현장에서 고객에게 구체적으로 어떤 도움을 줄 수 있는지를 교육하는 이론적 토대를 완성한 것이다.

고객만족 서비스 전체를 아우르는
혁신적인 서비스 역량 사전의 탄생

'서비스 역량 체계'는 테마파크 서비스 역량에 대한 맞춤형 역량 사전이다. '고객만족 서비스를 제공할 수 있는 기회를 발굴하는 역량'인 '기회포착 능력'을 예로 들면, 세부 항목으로 고객탐색 능력, 고객기억 능력, 친밀감 형성 능력이 있다. 앞에 언급한 유모차 사례처럼, 고객을 예의 주시해 도움을 필요로 하는 고객이나 상황을 발견하는 것은 '고객탐색 능력'에, 연간 회원으로 자주 방문하는 고객들을 기억해 먼저 인사를 건네는 경우는 '고객기억 능력'에 해당된다.

또한 연령 제한으로 놀이기구에 탑승할 수 없자 기분이 상한 어르신에게 다가가 불쾌했을 감정을 충분히 공감하고 이해를 구한 사례를 통해 '타인공감 능력'을, 음료 반입이 안 된다고 설명했으나 매장에 가지고 들어와 결국 쏟은 고객을 만났을 때, 바닥보다 고객의 옷에 묻은 음료수를 먼저 닦아준 사례에서는 어떠한 상황에서도 고객을 먼저 생각하는 '고객우선마인드'를 찾아냈다.

이처럼 고객에게 좋은 서비스를 제공하고자 하는 마음가짐부터 고객의 마음을 이해하고 정서적인 어려움을 해결해주려는 역량까지, 고객만족 서비스 전체를 아우르는 혁신적인 역량체계의 탄생은 에버랜드 캐스트 서비스를 큰 폭으로 성장시키는 기폭제가 되었다.

내재화된 역량으로
일상에서 감동을 만들다

서비스 역량 체계를 캐스트들에게 교육하고, 내재화시키는 데는 다양한 방법이 활용됐다. 그중 하나는 카드 뽑기를 통한 미션 수행이다. 캐스트들이 실천해야 할 서비스 역량을 보다 친근하게 탄탄 서비스, 쓰담 서비스, 번쩍 서비스, 똘똘 서비스, 톡톡 서비스라고 이름 붙이고 이 전체를 '5! 해피 서비스(Happy Service)'라고 명명했다. 각각의 서비스를 실천할 수 있는 구체적인 여러 사례를 카드에 기입하고 아침 조회 때 캐스트들에게 이 카드를 뽑게 했다.

고객만족 서비스 전체를 아우르는 혁신적인 서비스 역량 체계는 에버랜드 캐스트 서비스를 큰 폭으로 성장시키는 기폭제가 되었다.

카드에는 '언덕 구간에서 유모차 끌어주기', '어르신 부축해드리기', '임산부 짐 들어주기' 등의 문구가 적혀 있었다. 근무 중에 미션을 잘 수행한 캐스트들에게는 커피 쿠폰을 제공했다. 선행 덕분에 고객의 칭찬 메일을 받으면 더 큰 선물을 주는 방식으로 동기를 부여했다. 재미있는 이벤트로 접근한 덕분에 캐스트들의 참여율이 높았고, 일상에서 작은 감동을 만들어내는 역량을 강화하는 계기가 되었다.

당시 '5! 해피 서비스 실천 우수 사례' 수상자인 김혜림 캐스트는 "손님의 입장에서, 손님의 눈높이에서 상황을 바라보면 무엇을 원하는지, 어떤 서비스를 해야 할지 보이기 시작한다. 그렇게 눈높이를 바꿔보는 것이 서비스의 기초라고 느꼈다"며, "손님의 안정과 마음을 우선시하면 보다 쉽게 '손님도 행복하고 캐스트도 행복한 진정한 디자인 해피니스에 가까워지지 않을까' 생각한다"고 소감을 밝힌 바 있다.

그런가 하면, 사비로 신발용 접착제를 구입해 늘 휴대하고 다니는 캐스트도 있었다. 여름철이라 샌들을 신은 여성 고객들이 많고, 넓은 파크를 걸어다니다 끈이 떨어져 당황하는 경우를 종종 목격하면서 시작한 일이었다고 한다. 파크 청소를 담당하던 그 캐스트는 곤경에 처한 고객이 있으면 언제든 돕겠다는 마음으로 전동차 안에 접착제 외에도 휴대용 드라이버 세트와 간단한 정비 도구 등을 항상 넣어 다닌다고 해 관리자들을 놀라게 했다.

탄탄 서비스	
역량 구분	서비스 마인드 역량
정의	서비스 수행을 위한 기본 마인드를 보유하고 있음
역량을 실천하는 구체적인 행동	☑ 어떤 상황에서도 고객을 우선으로 생각합니다. ☑ 일단 고객을 위해 해야겠다고 판단한 업무가 있다면 다른 캐스트가 하기를 기다리지 않고 자신이 신속하게 행동으로 옮깁니다. ☑ 서비스가 흐지부지되지 않게 끝까지 수행해 매듭을 짓습니다. ☑ 손님으로부터 좋은 평가를 받기 위해 서비스를 잘 해내고 싶어하는 좋은 의미의 '욕심'을 가집니다. ☑ 손님의 만족을 위해 희생(부가적인 노력, 개인 시간의 사용 등)도 감수합니다.

파크 내 상점에서 한 손님이 음료수를 들고 들어오시려 했습니다. 상점 안의 직원은 손님에게 음료 반입이 안 된다고 알려드렸으나 고집스럽게 음료를 가지고 들어온 손님! 그런데 아니나다를까 결국 음료수를 매장 바닥에 엎지르고 말았지요. 그러나 캐스트는 바닥에 엎질러진 음료수를 처리하기보다 손님의 옷에 묻은 음료수를 먼저 닦아드렸습니다. 어떤 경우라도, 비록 손님의 실수로 인한 상황이라 할지라도 고객을 먼저 생각하는 서비스 마인드가 드러난 사례입니다.

번쩍 서비스	
역량 구분	서비스 기회 생성 역량
정의	서비스를 제공할 기회를 포착하거나 만들어냄
역량을 실천하는 구체적인 행동	☑ 도움을 필요로 하는 손님을 내 쪽에서 먼저 발견합니다. ☑ 만난 손님을 잊지 않고 기억하여 이를 통해 손님을 만족시킬 수 있는 새로운 기회를 만들어냅니다. ☑ 손님들에게 쉽게 다가가 친근한 관계를 형성합니다.

한 캐스트는 연간 회원으로 자주 방문하는 손님들을 기억했다가 인사를 건넨다고 합니다. "또 오셨네요? 아기가 귀여워서 기억이 났어요"라는 말도 곁들여서요. 한 식당에서 어떤 손님이 유모차를 밀며 한 손에는 우산을 들고 있어 한 번에 음식을 다 받아 갈 수 없는 상황이었어요. 이 손님을 본 캐스트, 보자마자 도움이 필요할 것 같아 음식을 날라다드렸습니다.

스스로 자신의 업무를 정의하다

이와 함께 캐스트들에게 자신의 일과 역할을 스스로 새롭게 정의하도록 한 것도 의미 있는 작업이었다. 디자인 해피니스라는 전사적인 서비스 철학을 말단에까지 전파하는 동시에, 캐스트 각자가 고객의 행복을 위해 무엇을 해야 하는지를 생각해보도록 한 것이다.

여기, 어린이 전용 놀이기구에서 근무하던 캐스트가 있다. 키가 100cm 이상이 되어야 놀이기구 탑승이 가능하기 때문에 그가 매일 하는 일은 100cm가 안 돼 보이는 아이들의 키를 재는 것이었다. 그는 자신의 업무를 "아이의 첫 번째 모험을 격려하는 일"이라고 정의했다.

만약 그가 '나는 아이의 키를 재서 태울지 말지를 정하는 사람'이라고 했다면, 아이들 앞에서 '합격'이나 '탈락' 말고는 할 말이 없었을 것이다. 하지만 그는 아이가 이 놀이기구를 타는 것이 생의 첫 모험이고, 자신은 그걸 돕는 사람이라고 정의한 것이다.

그 인식의 차이가 언어와 태도의 차이를 만든다. 못 타게 돼 아쉬워하는 아이에게는 다음을 기약하는 따뜻한 위로를, 탈 수 있게 된 아이에게는 첫 모험을 축하하는 응원의 말을 전하는 그에게 아이들이 느낄 감정은 자명하다. 에버랜드 서비스가 남다른 이유다.

강의실에서 회사의 서비스 철학을 주입식으로 교육하는 데는 분명 한계가 있다. 효과도 미미하다. 이렇게 서비스 주체들 스스로 자신의 업무가 무엇인지를 깊이 생각하고, 그에 맞는 역량을 고민하고, 방법을 찾도록 유도하는 교육은 현장을 변화시켰다.

고객의 행복을 만드는 일에 자발적으로 참여하고 있고, 중요한 역할을 하고 있다는 인식은 회사에 대한 소속감, 자부심과도 연결된다. 누가 시키지 않아도 자발적으로 즐겁게 몰입함으로써 얻는 것은 고객만족뿐만이 아니다. 그 역시 성장한다.

캐스트들에게 열심히 할 수 있는 동기를 부여하고, 몰입할 수 있게 해주는 것이 회사의 역할이라면 캐스트들은 그 안에서 자신이 맡은 배역과 캐릭터를 연구하고 멋지게 소화하는 것이다. 공연의 성공을 위해 무엇을 어떻게 해야 할지를 스스로 결정하고, 실행하는 과정에서 자신도 변화한다.

성실히 자신의 업무를 수행하다 유명세를 얻은 캐스트들도 많다. 대표적인 사례가 아마존 익스프레스에서 '소울리스좌'로 불렸던 김한나 캐스트다. '영혼 없는' 톤으로 '젖고, 젖고, 젖습니다'를 반복하는 그의 영상은 조회 수 1,000만이 넘으며 일약 대스타가 되었다. 아마존 익스프레스에서 '윤쭈꾸'라는 별명으로 불리며 재미있는 춤으로 고객의 시선을 사로잡았던 윤주현 캐스트는 현재 유튜버와 방송 리포터로 활발히 활동 중이다.

캐스트를 감정노동으로부터 보호하다

에버랜드는 캐스트의 업무 몰입을 위해 감정노동으로부터 보호하는 데도 적극적으로 나섰다. 매뉴얼에 정의된 문제행동 고객을 실제로 만났을 때, 캐스트들은 정규직원인 매니저를 부르면 된다.

고객에 대한 사과도, 문제 처리도 매니저가 직접 한다. 악성 민원으로 크게 상처받은 캐스트가 있다면, 매니저 권한으로 당일 유급휴가를 줄 수 있다. 캐스트가 중간에 귀가하더라도 그날의 임금은 그대로 지급된다.

캐스트들은 다양한 지원책을 통해 자신의 일에 몰입하는 동시에 고객을 만족시키며, 자신도 성장한다.

보다 적극적인 심리 치유가 필요하다고 판단될 때는 마음건강 관리 프로그램을 통해 도움을 받도록 한다. 캐스트를 보호하는 에버랜드의 기본 프로세스다. 회사의 배려는 종종 캐스트들을 감동시킨다. 이들의 자발적인 서비스와 몰입의 비결이 무엇인지에 대한 답이 그 안에 있다.

최근에는 캐스트의 참여도를 더욱 높였다. 캐스트 제안 제도를 통해 현장에서 느끼는 문제점에 대한 대안을 내놓는 자리를 마련하는가 하면, 고객 입장의 미스터리 쇼퍼로서 고객 서비스를 평가하는 임무를 맡기기도 한다.

캐스트 스스로 자신의 행동을 칭찬하는 '셀프 칭찬 카드'도 도입했다. 처음에는 자신을 칭찬해야 하는 일이 어색했지만 캐스트들이 스스로 칭찬거리를 찾아나서면서 변화가 생겼다. 이전에 비해 고객 불만은 30% 이상 줄고, 고객 칭찬이 7% 이상 늘어났다.

셀프 칭찬은 자신의 일에 대한 자신감 혹은 자부심이 있을 때 가능하다. 잘하고 싶은 마음이 생기고, 더 잘하려고 노력하면서 칭찬할 일은 자꾸 늘어난다. 고객 감사가 느는 것은 당연한 이치다.

에버랜드 캐스트, 청년들의 버킷리스트가 되다

서비스 제공자로서, 캐스트의 업무는 만만치 않다. 그럼에도 불구하고 많은 20대에게 에버랜드는 '꿈의 알바'로 꼽힌다. 지원자들의 서류를 보면 '에버랜드에서 일하는 것이 버킷리스트 중 하나'라는 표현도 자주 눈에 띈다.

이들은 에버랜드 내 기숙사인 '캐스트 하우스'에 살면서 숙식을 제공 받는다. 테마파크에서 일할 수 있고, 또래 친구들과 함께 거주하며 즐거운 시간을 보낼 수 있다는 점이 매력적인 요소다. 그 분위기를 잊지 못해 마치 향수병처럼 에버랜드 캐스트 일을 그리워하는 사람도 많다. 일명 '에버병'이라 부른다고 한다. '에버병'을 극복하지 못해 퇴사 후 재입사하는 경우도 많다.

무엇보다 에버랜드에서의 캐스트 경험은 서비스 관련 기업으로의 취업이나 아르바이트를 구할 때 큰 도움이 된다고 한다. 에버랜드 캐스트의 업무 경험과 철저한 교육은 이미 정평이 나 있기 때문이다.

온라인 커뮤니티에는 "CS의 기본기를 익히는 데 큰 도움이 되었다. 스피치가 안 된다고 고민하는 후배들에게 에버랜드 알바를 적극 권한다", "에버랜드 알바는 진짜 알차다. 20대라면 한번쯤 경험하는 것을 추천한다" 등의 후기가 쏟아진다.

이처럼 자발적으로, 즐겁게 일하는 캐스트들은 에버랜드 서비스의 주축이자 저력이다. 에버랜드는 이들을 브랜드화하기 위해 준비 중이다. 비정규직 아르바이트 중심의 고용 형태가 훌륭한 서비스를 만들어낸 사례는 그 자체로 놀라운 성과이기 때문이다. 디자인 해피니스의 철학을 캐스트들에게까지 스며들게 한 시스템의 힘이자 일상에서 활용할 수 있도록 한 교육의 힘이기도 하다.

에버랜드 스타 열전 ❷

아마존 익스프레스가 낳은 스타, 소울리스좌

10인승 보트로 급류타기를 하는 아마존 익스프레스는 매년 한 명 이상의 스타 캐스트가 탄생한다. 그중에서도 가장 유명세를 얻은 사람은 바로 '소울리스좌'로 불리던 김한나 씨다.

"머리~ 젖습니다. 신발~ 젖습니다. 옷 머리 신발 양말 다~ 젖는 겁니다. 물이 나를 부르고, 내가 물을 부르네. 7분 동안 계속해서 젖고 젖는 여기는 아마존~. 입술 없어져요. 눈썹 지워지고요. 마스카라 번집니다. 앞머리~ 풀려요. 고데기 다시 해도 풀리는 여기는 아마존조로존존존."

무심하게 속사포처럼 내뱉는 그의 안내 멘트는 묘한 중독성과 함께 화제가 되었고, 그가 등장하는 2분 30초의 영상은 2022년 4월 공개 이후 약 8개월 동안 조회 수 2,538만을 달성했다. 모든 셀럽을 제치고 그해 유튜브 국내 오리지널 콘텐츠 가운데 1위를 차지하는 대기록까지 세웠다.

무엇보다 마스크 위로 드러난, 영혼이 없는 듯한 눈빛으로 고객들의 흥을 돋우고 있는 모습에 대중은 열광했다. '영혼은 없어도 할 일은 프로답게 하는' 모습에 공감하는 직장인들이 특히 많았다고 한다. '소울리스(soulless)좌'라는 별명도 그렇게 붙여졌다. '영혼(soul) 없이(less) 일하는 사람 중 최고(본좌)'라는 뜻이다.

폭발적인 인기에 힘입어 에버랜드 장미축제 홍보 영상도 촬영했다. 영상은 유튜브로 공개한 지 열흘 만에 500만이 넘는 조회 수를 기록했다. 과거 에버랜드의 광고 모델이었던 싸이, 화사 등의 영상에서도 나오지 않은 역대급 인기였다.

그가 널리 알려진 것은 에버랜드가 운영하는 티타남 채널을 통해서였다. 티타남 채널 운영자인 손영훈 프로가 바로 아마존 익스프레스의 댄스와 멘트를 유행시킨 '원조'다. 아마존 익스프레스는 방수포가 있지만 그럼에도 물에 젖는다. 나중에 젖었다고 항의하는 고객이 생기지 않도록 '젖는다'는 주의사항을 랩으로 만들어 반복한 것이 지금의 형태로 자리 잡았다고 한다. 여기에 캐스트들의 신나는 군무를 가미해 일종의 '막간 공연'을 서비스한다. 이들 '흥부자' 캐스트들의 모습이 SNS를 통해 알려지면서 아마존 익스프레스는 스타 캐스트의 산실이 되었다.

2

서비스도
자기주도 학습이 필요하다

Voice of Cast

스물다섯 살, 적지 않은 나이라고 생각했습니다. 눈앞에 대학교 졸업, 취업 준비, 연애 문제 등이 꾸역꾸역 올라올 때 현실을 피하듯 도망친 곳이 이곳 에버랜드였습니다. 입사 지원서를 내기 전까지만 해도 '여기서 조금만 숨어 있자'라는 마음으로 지원 버튼을 클릭했습니다. 그로부터 2개월이 지난 지금, 이곳은 이제 도피처가 아닙니다. 오히려 확고한 길을 제시해준 기회의 땅이 되었습니다. 땀을 흘리고, 시간을 쪼개고, 내가 내 삶의 주인이 되어감을 느끼며 이제야 배려와 희생이라는 단어의 참뜻을 알 것 같습니다.
'무엇을 해도 잘할 수 있겠다'라는 자신감이 생겼고, 얼굴은 생기로 넘쳐나게 되었습니다. 간혹 대학 친구들을 만나면 모두 이렇게 말합니다. "얼굴 좋아졌다"고, "행복해 보인다"고요. 그러면 저는 대답합니다. "당연하지, 환상의 나라에 있는데". 에버랜드에 있는 저는 요즘 너무 행복합니다.

고객감동은
매뉴얼로 만들어지지 않는다

에버랜드에는 연평균 1,500여 명의 캐스트가 일한다. 연간 지원자 수는 2만 명이 넘고, 그중 4,000~5,000명을 선발한다. 캐스트에게 필요한 기본 역량 및 서비스, 안전 관련 내용 등으로 구성된 이틀간의 교육을 마치면 각 부서에 배치되고, 부서별 실무 교육을 거쳐 현장에 투입된다. 교육 기간이나 내용만으로는 여느 기업의 신입 직원 교육과 크게 다를 바 없다.

놀라운 사실은 서비스 교육을 전문적으로 받은 적이 없는, 평범한 20대 초반의 젊은이들이 에버랜드에서 숱한 고객감동 스토리를 만들어낸다는 점이다. 그들의 진심이 담긴 따뜻한 말과 행동은 고객들에게 온전히 전해져, 캐스트들에게 쏟아지는 칭찬 글이 연간 1만2,000여 건에 달한다.

고객감동은 매뉴얼만으로 만들어지지 않는다. 이를 수행하는 사람의 자발적인 의지가 없다면 불가능에 가깝다. 캐스트들이 열정적으로 업무를 수행한다는 것은, 이들의 자발성을 끌어올리는 시스템이 효과적으로 작동한다는 뜻이다.

에버랜드는 '내부고객의 만족이 외부고객의 만족을 만든다'는 평범한 진리를 일찍부터 실천해왔다. 업계 최초로 서비스 리더십을 정립, 리더가 구성원들에게 먼저 다가가 그들이 필요로 하는 것을 서비스함으로써 자신이 받은 서비스를 고객들에게 되돌려주도록 했다.

캐스트도 마찬가지다. 캐스트들의 성장을 돕는 다양한 프로그램을 제공함으로써 이들의 자발적인 몰입을 이끌어내기 위해 노력했다. 2017년에는 '캐스트 유니버시티'를 설립, 오랜 기간 여러 부서에서 분담하던 캐스트 관련 제도와 교육 과정을 통합했다. 20대 초반의 캐스트들이 단기간이지만 에버랜드에서 일하며 자신의 재능을 발견하고, 향후 진로를 찾는 데 도움이 되도록 교육을 체계화한 것이다.

캐스트를 성장시키는 종합 교육체계 '캐스트 유니버시티'

캐스트 유니버시티 프로그램은 크게 양성, 참여, 동기부여로 나뉜다. 이 중 캐스트들의 가장 큰 관심사는 단연 동기부여 제도다. '에버랜드 갓 탤런트(Everland's Got Talent)', '별이 빛나는 밤에', '서비스 스타 인증제', '즉시칭찬 요기요', '비접점 달인 시상', '해피 카드', '서비스 캠페인', '성공파티', '서비스정보경진대회' 등 흥겨운 축제의 장에서 서비스 평가 제도까지 다양한 프로그램이 마련돼 있다.

특히 1단계부터 7단계까지, 단계별로 서비스 우수자를 선정하는 '서비스 스타 인증제'는 캐스트들이 가장 좋아하는 제도다. 고객에게 받는 칭찬 메일의 개수와 내용을 종합해 평가하고, 선발된 캐스트에게는 배지를 준다. 한 단계씩 올라갈 때마다 배지가 늘어나는 방식으로 최대 7개까지 얻을 수 있다. '고객에게 칭찬을 많이 받은 캐스트'라는 것을 자연스럽게 노출할 수 있는 데다, 배지 자체가 큰 영예로 인식되면서 저마다 더 높은 단계의 배지 획득을 위해 노력한다. 이에 따라 고객감동 사례도 함께 늘어나는 긍정적인 효과를 거두고 있다.

식음료처럼, 고객 비접점 분야에서 일하고 있어 이러한 인증제에 참여할 수 없는 캐스트들을 위한 제도도 있다. 분기마다 부서의 추천을 받은 캐스트 5명을 '비접점 달인'으로 선정해 시상한다. 칭찬 메일을 유난히 많이 받은 매장이나 어트랙션을 깜짝 방문해 축하하는 '성공 파티', 파크운영팀 임원이 현장에서 직접 서비스 우수 사례를 발견해 시상하는 '즉시칭찬', 각자 근무부서의 정규직인 프로들에게 받는 일종의 칭찬 카드인 '해피 카드' 등은 재미 요소를 접목해 캐스트들의 참여율을 끌어올렸다.

캐스트 유니버시티 프로그램

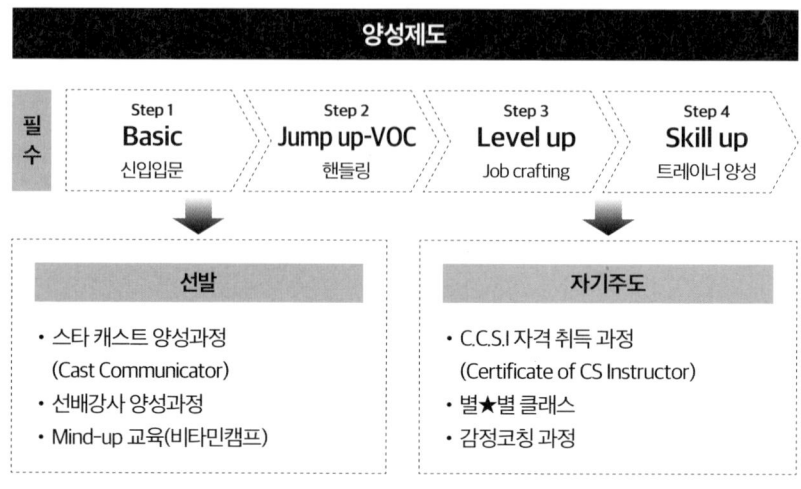

캐스트들을 위한
축제를 열다

자기표현에 능하며 재미를 중시하는 요즘 세대의 특성을 반영해 캐스트들을 위한 축제도 연다. 2018년에 시작해 올해로 6년째를 맞는 '에버랜드 갓 탤런트(이하 에갓텔)'는 끼가 넘치는 캐스트들에게 꿈의 무대로 통한다. 이 무대에 서기 위해 퇴사를 미루거나 재입사하는 캐스트들이 있을 정도다.

예선에서 치열한 경쟁을 뚫고 본선에 오른 캐스트들은 노래, 댄스, 뮤지컬, 국악 등 다양한 예술 장르를 선보인다. 아마추어 수준을 뛰어넘는 참가자들도 종종 눈에 띈다.

'캐스트를 위한 축제'인 만큼 행사 기획부터 홍보, 운영까지의 전 과정을 캐스트들이 준비하는 것도 특징이다. 무대에 선 캐스트들은 자신의 재능을 대중 앞에서 펼치는 기회를, 행사 요원으로 참여한 캐스트들은 관객 수 1,000명이 넘는 대형 공연을 진행하는 중요한 경험을 얻는다. 20대 초반 젊은이들의 뜨거운 에너지로 가득한 이 축제는 에버랜드의 연례행사로 자리 잡았다.

에갓텔과 함께 캐스트들이 손꼽아 기다리는 또 하나의 행사는 '별이 빛나는 밤에'다. 캐스트들이 직접 만든 공예품을 가지고 나와 판매하는 플리마켓, 중고거래 장터 등이 열리고, 소규모 공연 무대도 마련된다. 체험활동, 먹거리 부스 등도 마련돼 활기가 넘친다.

에버랜드는 이러한 축제가 더욱 활성화되기를 바란다. 캐스트들이 일상에서 느끼는 즐거움과 긍정적인 정서가 고객 접점에 그대로 반영돼 좋은 서비스로 이어질 것이라고 믿기 때문이다.

자기주도형 프로그램을 통해
성장하다

캐스트를 위한 제도는 4단계에 걸쳐 진행되는 필수 과정 외에 선발형인 스타 캐스트 양성 과정, 선배강사 양성 과정, 마인드 업 교육 등이 있고, 자기주도로 진행되는 CCSI(Certificate of CS Instructor) 자격 취득 과정, 별별 클래스, 감정코칭 과정 등이 있다.

이 가운데 'CCSI 자격증 취득 과정(Certificate of CS Instructor)'은 서비스 전문 강사를 양성하는 프로그램이다. 현장 경험을 바탕으로 서비스 분야에 진출하고자 하는 캐스트들의 관심이 높다. 이미 자격증 취득 후 서비스 업계에서 일하고 있는 사람도 많다. 필기, 실기는 물론 온라인 과정까지 거쳐야 최종 인증서를 받을 수 있어 쉽지 않지만, 일하는 동안 전문 자격증을 얻을 수 있어 경쟁이 치열하다.

한 달에 한 번 열리는 '별별 클래스'도 인기다. 자기소개서 작성, 면접 스킬 등을 익힐 수 있는 취업준비 전략부터 재테크, 사진, 요가, 명상 등 다양한 강좌가 마련된다. 별의별 갖가지 주제의 지식을 나누는 곳, 미래의 별들이 미래(별, 지향)를 위한 지식을 나누는 곳이라는 의미로 별별 클래스로 이름 붙였다.

이와 함께 캐스트들이 고객 서비스에 관해 자유롭게 의견을 내고, 현장에 반영하는 '참여 제도'도 활발히 운영 중이다. 대표 프로그램으로는 부서별 대표 캐스트들과 분기별로 만나 이야기를 나누는 '에버케미', 캐스트들이 고객이 되어 현장을 체험해보는 '서비스 셰어링', 특정한 사안에 관해 캐스트들이 각자의 생각을 내놓는 '아이디어 톡' 등이 있다.

효율적인 교육과 전달을 위해 모바일 학습 플랫폼 '이캐비넷(E-Cabinet)'도 운영 중이다. 이캐비넷은 실사례를 활용한 서비스 교육, 서비스 제도 안내 및

에버랜드 캐스트를 위한 양대 이벤트 중 하나인 '에갓텔'과 '별이 빛나는 밤에.' 특히 '에갓텔'은 끼 많은 캐스트들에게 꿈의 무대로 불린다.

파크 운영 정보 등을 담고 있으며, 모든 콘텐츠는 90~300초 길이의 짧은 동영상으로 제작된다. 동영상을 통한 학습 및 속도감 있는 영상 시청에 익숙한 캐스트들을 위해 고안한 것으로, 업무에 필요한 내용을 쉽고 빠르게 습득할 수 있다.

캐스트 이후의 삶을 함께 고민하다

최근에는 캐스트들의 마음 건강에 중점을 두고 있다. 고객과의 관계에서 마음을 다친 캐스트의 심리적 안정을 위해 '마인드 업 교육'을 신설하고, 감정 코칭 과정도 만들었다. 감정 근로자인 캐스트들의 마음 돌봄은 에버랜드가 매우 중요하게 생각하는 과제다.

캐스트 기숙사 1층에 상담 센터를 마련한 것도 그 때문이다. 센터는 캐스트들에게 언제나 열려 있다. 직원이 행복해야 고객도 행복하다는 전제하에, 캐스트들에게 스스로 마음을 챙기는 일의 중요성을 강조한다.

실제로 마인드업을 다녀온 캐스트들은 '큰 위로를 받았다', '회사에서 이런 부분까지 챙겨줘서 너무 고맙다', '꼭 다시 오고 싶은 프로그램' 등의 후기를 남겼다. 상처를 치유하고, 좀 더 단단해진 모습으로 돌아와 새로운 마음으로 업무에 복귀하는 캐스트들의 모습은 마음 관리의 중요성을 절감하게 한다.

2016년 업계 최초로 '캐스트 행복지표'를 개발한 것도 같은 맥락이다. 업무 만족도뿐만 아니라 주변 관계, 정서, 건강 등 전반적인 생활을 약 70개 문항으로 세분화해 캐스트들의 행복 수준을 정량적으로 산출한다. 그 결과는 근무환경이나 생활환경 개선에 활용한다.

행복지표는 최초 조사 이후 매년 상승세다. 캐스트를 위한 다양한 지원책과 동기 부여 제도가 복합적으로 작용한 까닭이다.

'유니버시티(대학)'라는 이름에서 보듯, 에버랜드가 이 시스템을 통해 지향하는 것은 캐스트들의 성장이다. 이들이 자신에게 필요한 프로그램을 적극 활용해 건강한 사회인으로 살아가는 데 유용한 지식과 경험을 얻는 것, 에버랜드가 캐스트 유니버시티를 만든 진짜 이유다.

CHAPTER 4

Leading Change

변화에는
민감하게,
준비는
기민하게

1

고객의 목소리에서 배운다

Voice of Customer

할머니와 아버지, 어머니 그리고 동생까지 온 가족이 들뜬 마음으로 에버랜드로 향했습니다. 사람은 많고, 오랜만에 온 놀이공원이라 길도 모르겠고 해서 직원을 찾아 두리번거리다 한 분을 만났어요. '가족끼리 왔는데 어떻게 돌아다니면 좋을지'를 물어봤죠. 그분은 먼저 할머니에게 다가가 동물을 좋아하시는지, 꽃 구경은 어떤지 등을 물어보시더라고요. 거동이 불편하지 않으신지도 묻더니, 조금 시간은 오래 걸려도 최대한 덜 걸으면서 돌아볼 수 있는 곳으로 안내해주겠다며 하나하나 차근히 설명해주셨어요. 자기도 얼마 전에 할머니를 모시고 왔었다며 다닌 코스를 얘기해주셔서 그대로 구경하니 할머니도, 부모님도 모두 좋아하시더라고요. 정말 기분이 좋았습니다. 할머니가 언덕을 오를 때도 신경 써주시고, 할머니한테 말할 때의 표정도 너무 좋아 보였어요. 마치 자신의 할머니에게 대하는 것처럼요.
그 직원 꼭 칭찬해주세요. 스카이크루즈의 이승민 직원 덕분에 의미있는 가족여행이 되었습니다. 정말 고맙습니다.

효율적인 VOC 관리를 위한
통합CS관리시스템 구축

에버랜드는 업종의 특성상 고객에게 제공하는 제품이나 서비스를 특정하기 어렵다. '비일상적 체험을 제공하는 공간'으로서 어트랙션을 비롯해 식음료, 상품, 공연, 조경, 음악 등 여러 요소들이 결합돼 있기 때문이다.

고객 접점마다 각기 다른 특성을 가지고 있어 VOC의 원인과 내용도 다양하다. 또한 B2B가 아닌, B2C 성격의 VOC가 대부분으로 고객의 의견에 대한 즉각적인 피드백과 조치 결과에 대한 확인 및 재발 방지가 무엇보다 중요하다.

에버랜드 VOC는 홈페이지, 모바일 앱, 콜센터, 손님상담실 방문과 현장의 QR 등 모두 5가지 경로를 통해 수집된다. VOC 전담 부서인 손님상담실은 접수된 VOC 내용을 파악한 뒤 어느 부서에 배정할지를 결정한다. 각 부서에도 VOC 담당자가 있어 사안에 따라 누가 문제를 맡아 처리할 것인가는 부서 내부의 몫이다.

담당자가 결정되면 즉시 문제 해결에 나선다. '개선 요청'의 경우 발생 원인은 무엇이고, 어떤 과정을 거쳐, 어떻게 개선했는지를 통합CS관리시스템에 입력해야 한다. 고객이 '개선을 요청한다'는 것은 곧 '불만'을 의미하기 때문에 보다 엄격하고 신속하게 다룬다. 부서장 결재까지 받아야 하는 것은 물론, 최종 승인 후 경영진에도 내용이 통보된다. 즉, 조치 내용에 대해 실무 담당자부터 경영진까지, 전 구성원이 공유한다.

VOC 처리 과정이 이처럼 효율적으로 바뀐 것은 통합 CS 관리시스템 덕분이다. 통합 시스템 이전에도 VOC 처리·수집을 위한 프로세스가 있었지만 단계별 과정이 유기적으로 연결되지 못하고, 개별적으로 처리됨으로써 통합 분석 및 개선을 위한 조치가 빠르게 이루어지지 못했다.

문제를 해결하기 위해 2011년 통합 시스템을 마련하고, 이를 바탕으로 전사 사업부별 CS 관리체계를 통합하는 시스템을 구축했다. 이로써 VOC의 체계적이고 신속한 대응 체계를 마련했다.

통보 → 조치계획 수립 → 조치 실행 → 조치 완료 → 실사계획 수립 → 실사 완료 → 처리 완료라는 전 과정을 마무리하고 고객에게 회신하기까지는 보통 72시간을 넘기지 않는다. 주 6일 근무제이던 시절에는 '48시간 이내 답변'이 원칙이었지만, 주 5일제가 되면서 72시간으로 변경했다.

담당자에게 전달된 뒤 조치계획 수립이 지연되거나, 실행이 지연되는 경우 시스템에서는 자동으로 담당자에게 지연 알림을 보낸다. VOC 접수 후 고객이 답장 메일을 받기까지, 3일 내에 처리되는 이유다.

VOC 조치 실행·점검 체계

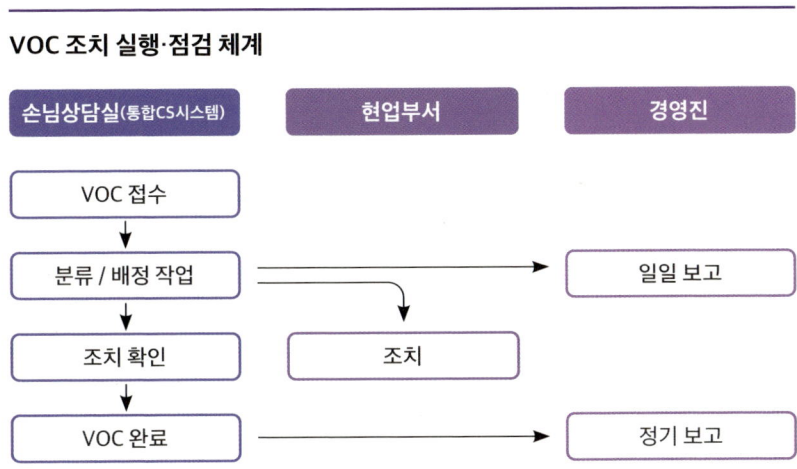

'개선 요청'은 즉시 반영, 서비스 발전의 동력으로 삼다

현장에서 불편을 호소하는 고객의 의견은 에버랜드 서비스를 발전시키는 중요한 동력이다. 고객 불만 VOC를 줄이고 개선하기 위해 적극적으로 노력한다는 것은 '고객 편의성 제고'와 같은 의미이기 때문이다.

대표적인 사례가 스마트 줄서기와 장애인 탑승 예약제이다. 에버랜드를 찾는 고객들이 가장 큰 불편함으로 꼽는 '대기 시간'을 줄이기 위해 그동안 여러 가지 방법을 시도했다. 한때 전면적인 예약제를 검토하기도 했지만, 예약 없이 현장을 찾은 고객들이 아예 이용 기회조차 얻지 못하게 된다는 점을 고려해 실행하지 못했다. 그렇다고 인기 어트랙션 입장을 위해 서너 시간씩 줄을 서야 하는 상황을 방관할 수만은 없었다. 고심 끝에 도입한 것이 '스마트 줄서기'다.

휴대폰으로 간편하게 할 수 있는 '가상 줄서기' 시스템은 고객들의 호평 속에 에버랜드를 대표하는 서비스로 자리 잡았다. 다만, 스마트 줄서기가 일찍 마감되는 문제와 오후 입장객에게도 기회를 제공하기 위해 로스트밸리, 사파리, 티익스프레스 등 고객이 집중되는 몇몇 인기시설 위주로 스마트 줄서기를 하되, 오후 2시까지만 가능하도록 대안을 마련했다.

줄서기가 너무 힘들다고 생각하는 고객은 아침 일찍 입장해 스마트 줄서기를 이용할 수 있고, 오후에 입장한다면 일반 줄서기를 통해 어트랙션을 이용할 수 있다. 각기 니즈가 다른 두 부류의 고객에게 선택지를 제공한 것이다.

이와 함께 장애인에 대한 편의 개선을 요구하는 목소리를 반영해 '장애인 탑승 예약제'도 운영 중이다. 과거에는 장애인 복지카드를 제시하면 동반 1인까지 우선 탑승할 수 있었다. 자녀를 포함해 한 가정의 가족 구성원이 보통 3~4인이라는 점을 고려하면, 나머지 가족은 일정을 함께 하기 어려운 경우가 생긴다. 에버랜드는 이 문제를 해결하기 위해 '스마트 줄서기' 시스템을 접목했다.

장애인이 별도의 예약 설정을 통해 예약된 시간에 탑승할 수 있도록 하고, 가족 단위로도 예약이 가능하도록 했다. 일반 고객들의 스마트 줄서기는 평일·주말에 따라 다르고 예약할 수 있는 어트랙션도 정해져 있지만, 장애인 탑승 예약은 평일·주말 모두 가능하고 어트랙션에 대한 제한도 없다. 예약과 동시에 탑승시간이 통보되기 때문에 대기 시간 동안 파크 내에서 편안하게 휴식할 수 있어 장애인들의 편의성을 크게 향상시켰다.

비 오는 날을 특별하게 만들어주는, '비 Happy 프로그램'

우천 시에 에버랜드를 방문한 고객들을 위한 서비스도 있다. '모처럼 왔는데 폭우로 시설을 제대로 즐기지 못했다'는 고객들의 하소연을 반영해 재방문권, 어트랙션 1+1 등의 상품을 제공한다.

재방문권은 당일 영업시간 중 실제 강수량이 20mm(수원 유인관측소 정보 기준)

를 초과할 경우, 에버랜드 모바일앱 쿠폰함으로 15일 이내 자동 지급된다. 재방문권을 받기 위해서는 해당일 이용권을 앱에 등록해야 하는데, 에버랜드 무료 멤버십 프로그램인 '솜사탕' 정회원에 반드시 가입돼 있어야 한다. 정기권 손님들의 경우, 상품이나 식음료 구매 시 현금처럼 사용 가능한 솜 포인트를 지급한다.

'어트랙션 1+1' 쿠폰은 챔피언쉽로데오, 더블락스핀, 렛츠트위스트, 롤링엑스트레인, 범퍼카에 한해 사용할 수 있다. 인기 놀이기구인 범퍼카의 탑승 시간이 1.5배로 길어지고, 챔피언쉽로데오, 롤링엑스트레인 등을 2회 연속으로 탑승할 수 있다.

유난히 소나기성 폭우가 잦은 요즘에는 재방문권 지급도 늘고 있다. 2024년 상반기만 해도 5월과 6월에 각각 2회, 7월에 3회 지급했다. 지난해 어느 주말, 잠깐 동안 강수량이 20mm를 초과했을 때도 예외 없이 재방문권을 지급했다. 당시 입장객은 2만여 명, '에버랜드 앱에 이용권을 등록한 고객'이라는 규정에 따라 당일 방문한 손님들이 재방문권을 받았다.

비가 오는 날에도 방문객이 적게는 수천 명에서 많게는 만 명을 넘길 때도 많아 에버랜드로서는 적지 않은 지출이다. 그럼에도 고객의 편의를 최우선으로 생각하기 때문에 이 같은 프로그램을 기꺼이 운영하고 있다.

에버랜드를 잘 아는, 캐스트를 적극 활용하다

좀 더 세심한 부분까지 살피기 위해 캐스트들로 구성한 고객 체험단도 운영한다. 캐스트가 직접 고객이 되어 시설을 즐기며 개선점을 찾도록 한 것이다. 이들은 정문에 입장하기 전부터 퇴장 때까지, 전 과정을 가이드라인에 따라 고객의 입장에서 경험하고, 관찰하며, 기록한다. 일종의 '미스터리 쇼퍼'다.

2024년 6월에 구성된 캐스트 고객 체험단은 앱이나 주차, 입장, 편의시설 등 '파크 이용 편의 개선'을 주제로 활동했다. 고객 관점에서 터치 포인트를 경

우천 시 방문한 고객이 실망하지 않고 잘 즐길 수 있도록 '에버랜드 200% 즐기는 꿀팁'을 만들어 적극 홍보하고 있다.

험하고, 개선 아이디어를 내는 것이 과제였다.

　에버랜드에 대해 일반 고객들보다 더 잘 알고 있는 캐스트들은 기대 이상의 역할을 수행했다. '주차장 그래픽 지도는 우수하나 실제 매칭이 잘 안 됨', '캐리비안베이 어플 맵 중 실내지도는 이미지로 쉽게 인지 가능하나 실외 지도는 가독성이 부족함', '앱을 통해 예약 장소 등 사전 정보 파악 어려움', '에버랜드 어플 내 캐리비안베이 어플에 대한 별도 안내 없음', '사전 준비물 리스트가 있어 방문 전 준비 수월', '유아가 먹을 수 있는 음식에 대한 정확한 안내 부족' 등 다양한 의견이 나왔다. 이들이 제출한 보고서는 서비스 개선을 위한 중요한 자료로 쓰인다. 시설물 개·보수 같은 예산 확보가 필요한 사업은 장기적인 계획으로 추진하고, 당장 시행할 수 있는 것들은 즉시 현장에 반영한다.

　'캐스트 VOC'라는 이름의 또 다른 캐스트 참여 프로그램도 있다. 숨겨진 고객의 소리를 근무자들이 발굴 및 청취하는 제도로, 고객들이 나누는 대화나 캐스트들에게 제시한 의견을 캐스트가 등록하는 것이다.

　캐스트는 손님이 제기한 제안 및 아이디어를 여과 없이 캐스트 VOC에 작성해 에버랜드 앱에 등록한다. 등록된 아이디어는 데이터로 관리됨과 동시에 개선 작업을 진행한다. 파크 내 영문 사인물 오류 개선, 영문 홈페이지에 외국인을 위한 자세한 요금 설명 반영 등이 이런 방식을 통해 수정된 사례다. 고객의 의견을 그냥 지나치지 않고 '대리' 개진한 캐스트들은 VOC 2건당 '행복 드림'이라는 직원 칭찬카드 한 장을 받는다. 이는 적절한 포상으로 캐스트들의 자발적인 참여를 유도하는 한편, 작은 의견도 놓치지 않겠다는 경영진의 의지를 엿볼 수 있는 에버랜드만의 독특한 제도다.

칭찬 VOC 전용 QR 코드를 도입하다

VOC의 종류는 크게 개선요청, 칭찬격려, 제안사항으로 나뉜다. 그중 가장 많이 접수되는 VOC는 '칭찬'이다. 지난해 기준, 전체 VOC 중 66%를 차지했고 그 수치는 점점 증가세다. 캐스트들의 서비스 향상이 가장 큰 이유지만, 파크 곳곳에 칭찬 메일 전용 QR코드를 설치한 것도 한몫을 했다.

QR은 과거 현장에 비치했던 '고객의 소리함'의 '디지털 버전'이다. 이전에는 종이카드에 적어 고객의 소리함에 넣으면 손님상담실에서 접수된 내용을 일일이 분류해 다시 내용을 입력했다. 한 번의 스캔만으로 곧바로 칭찬 메일 쓰기 화면으로 연결되는 QR을 도입하면서 그 번거로움이 사라졌고, 고객들은 친절한 서비스를 제공해준 직원들에게 즉각적으로 고마운 마음을 전할 수 있게 된 것이다.

칭찬만큼 근무자들의 사기를 올려주는 것은 없다. 그런 관점에서 에버랜드는 고객들이 쉽고 편리하게 칭찬 메일을 쓸 수 있는 방법을 고민했고, 지금의 QR 방식으로 이어졌다. 스마트폰이 보편화되면서 이 새로운 기술은 빠르게 안착해, 칭찬 VOC가 가장 많이 유입되는 경로로 자리 잡았다.

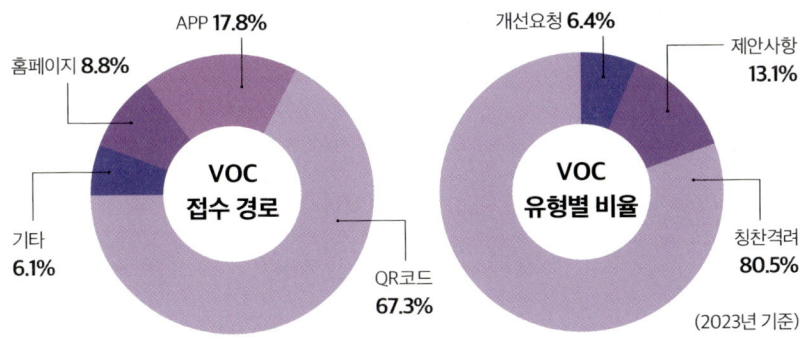

캐스트들을 자발적으로 움직이게 하는
'서비스스타 인증제'

칭찬 VOC를 많이 받는 캐스트들을 위한 포상 제도도 운영한다. 그중 대표적인 것이 서비스스타 인증제다. 전체 캐스트를 대상으로 매월 칭찬 격려 VOC 2건 이상을 받은 캐스트들에게 배지를 지급한다.

이런 방식으로 매월 빠짐없이 2건 이상을 받을 경우 5스타에 도달한다. 여기까지 걸리는 기간은 5개월이다. 이 과정도 쉽지 않지만 6, 7스타 승급은 더욱 어렵다. 6스타는 2개월 동안 6건 이상의 칭찬을, 7스타는 3개월 동안 9건 이상을 받아야 가능하기 때문이다.

6스타가 되려면 최소 7개월 연속 칭찬을 받아야 하고, 7스타는 최소 10개

구분		기준	소요기간		혜택
1스타		매월 칭찬 격려 VOC 2건 이상 수령 시 (단순 칭찬, 장난성, 진위 여부 의심되는 경우 제외)	1개월		스타트업배지
2스타			2개월		동배지
3스타			3개월		은배지
4스타			4개월		금배지
5스타			5개월		스타배지
6스타		2개월 동안 월 3건 이상씩 6건 이상	~7개월	※ 소요기간 미달 시 인증 불가	금명찰
7스타		3개월 동안 월 3건 이상씩 9건 이상	~10개월		크라운배지, 인증서, 시상금 10만원

월 이상 연속 칭찬을 받아야 한다는 계산이 나온다. 중간에 한 번이라도, 캐스트 서비스에 대한 불만을 뜻하는 '인적 개선요청' VOC가 접수되면 모든 인증은 초기화되고 추가 인증도 불가능하다.

특히 7스타는 칭찬 메일의 건수로만 선정하는 것이 아니라 담당 프로와 매니저, 교육 담당자들의 검증까지 거친다. 에버랜드 캐스트에게 7스타는 단순히 배지 7개를 모았다는 의미가 아니라, 서비스 부문에서 최고라는 인증이자 더없는 자부심이다.

여기에 도전하는 캐스트들이 많아지면서 자연스럽게 서비스 품질 향상 효과를 거뒀다. 7스타를 목표로 설정하고, 이를 달성하기 위해 퇴사 일정을 미루는 캐스트들도 있다. 그 결과 2023년에는 무려 29명의 7스타가 탄생했다.

AI 기술을 활용한
VOC 분석 시스템 개발 예정

이처럼 에버랜드는 고객이 원하는 것을 잘 듣고, 불편사항을 개선하고, 보다 편리한 서비스를 제공하기 위해 전방위적으로 노력해왔다. 시대 변화에 따라 이제 VOC 유입 경로가 다양해졌고, 최근에는 통합 멤버십 앱 '솜사탕'을 통한 접수가 눈에 띄게 늘고 있다. 다양한 경로로 접수되는 VOC 데이터를 인력으로 관리하기는 어려운 단계에 접어들고 있다는 판단에 따라 AI 기술을 활용한 새로운 분석 시스템을 준비 중이다. 시스템이 완성되면 매일 새롭게 접수되는 수많은 VOC를 내용별로 1차 분류한 뒤 기본적인 통계나 유형·고객 니즈 등의 데이터를 도출하는 것은 AI가 담당하고, 실무진은 개선점을 찾는 방향으로 접근해 효율성을 높일 계획이다.

에버랜드가 선보인 모바일앱 '솜사탕'은 체계적인 고객 관리는 물론 맞춤형 콘텐츠 제공을 위한 기초자료로 활용된다.

현재 누적 회원 수 500만 명을 돌파하며 순항 중인 '솜사탕'은 그 야심 찬 계획의 출발점이다. 국내 레저업계에서 멤버십 회원 500만 돌파는 에버랜드가 처음이다. 특히 2030 세대를 중심으로 가입자가 빠르게 늘고 있다.

고객은 '솜사탕'을 통해 나의 이용권, 솜 적립 현황, 멤버십 등급, 동반인 지정 등을 할 수 있다. 원하는 놀이 유형, 방문 빈도, 동반자 유형 등 개인화된 정보를 입력하면 꼭 맞는 추천 이용 코스와 꿀팁, 프로모션 등 맞춤형 콘텐츠가 제공된다.

　이미 고객 분석 작업도 일부 진행 중이다. 최근 '솜사탕'을 통해 분석한 데이터를 보면, 회원들이 가장 선호하는 방문일은 토요일, 가장 적게 방문하는 날은 월요일로 나타났다. 가장 많이 구매하는 굿즈는 푸바오 사원증, 가장 인기 있는 먹거리는 츄러스였다. 기능별로는 '스마트 줄서기', '지도 보기', '스마트 예약'을 가장 많이 이용했다.

　이처럼 새로운 기술은 고객의 목소리를 더욱 구체적으로 듣고, 고객의 니즈를 더욱 정교하게 살필 수 있는 든든한 지원군이다. 그동안 VOC를 중요한 경영 자원으로 인식하고 다뤄온 만큼 새로운 도약의 토대가 될 것으로 전망된다.

2

서비스도
R&D가 필요하다

Voice of Customer

"사소하지만 평상시 좋았던 순간, 행복했던 순간을 돌아볼 수 있어서 좋았습니다. 하루 동안 감정에 대해 배우고 재밌는 강의도 들을 수 있어서 유익했습니다. 좋은 강의 덕분에 회사생활이 더 즐거워질 것 같아요. 숲 속을 걸어 다니며 자연을 느껴본 게 가장 기억에 남아요. 숲을 보며 힐링하는 시간 너무 좋습니다."

"비타민캠프를 통해 업무를 벗어나 자신의 감정을 돌아보는 시간이 너무 행복하고 감사했습니다. 세심한 배려와 연령별 맞춤 프로그램이 도움 되었고, 1박 2일이 짧은 것 같아 아쉬웠어요. 교육을 통해 정말 힐링되는 시간이었고, 이런 좋은 경험을 더 자주 접하고 싶습니다."

"같이 참여한 동료들과 공감하고 소통할 수 있는 시간을 마련해주셔서 감사했습니다. 힐링뿐 아니라 많은 것을 얻은 교육이었고, 일하면서 느낄 수 없던 많은 것들을 경험했어요. 지친 일상에서 벗어나 마음껏 웃으며 보낸 시간이었습니다."

국내 최초,
사내 서비스 전문 교육기관의 탄생

우리나라 고객 서비스 역사에서 빼놓을 수 없는 이름이 바로 서비스아카데미(현 경험혁신아카데미)다. 에버랜드는 자연농원 시절부터 '서비스 마인드'의 중요성을 강조했고, 이를 체계화하여 사회 전체에 전파했다. 그 중심에 서비스아카데미가 있었다.

1994년 6월, 국내 기업 최초 사내 서비스 전문 교육기관으로 문을 연 서비스아카데미는 총 744m²(225평) 면적에 강의장과 실습교육장, 어학실습실과 기타 시설을 갖춘 대규모 교육장으로 첫선을 보였다. 분야별 고객 접점에서 보다 전문화된 서비스를 제공하기 위한 서비스 교육 외에도 직원 대상의 외국어 교육, 파크 리더급 대상의 서비스 전문대학을 운영하는 등 다양한 프로그램을 통해 서비스의 수준을 높였다.

특히 인사, 용모, 복장, 보행, 전화 등 '친절 5대 항목'을 중심으로 한 친절 서비스 교육으로 서비스를 혁신했다. 이를 위해 전문 내부 강사 육성에 중점을 두고 해외 벤치마킹, 국내 주요 기업 위탁교육, 내부 연구 및 발표를 통해 전문강사를 지속적으로 양성했다. 아울러 현장인력에 대한 리더십 교육을 강화해 교육 효과가 서비스 현장에 직접 전달되도록 노력했다.

기존에 없던, 새로운 방식의 서비스 전문 교육은 곧 외부로도 퍼져 나갔다. 일반 기업을 비롯해 중앙부처, 지방자치단체, 공공기관 등에서의 교육 요청이 쇄도하면서 개원 3년 차인 1997년에 이미 17만 명의 위탁교육생을 배출했다. 업종, 분야를 막론하고 광범위하게 진행된 서비스 교육은 서비스에 대한 사회적인 인식을 새롭게 했고, 서비스산업의 패러다임을 바꾸었다.

고객에 대한 서비스만 일방적으로 강조하는 것이 아니라 '직원이 만족해

경험혁신아카데미 약사(略史)

- **2024** 한국산업고객만족도 KCSI 30년 연속 1위
- **2022** 경험혁신아카데미로 명칭 변경
- **2019**
  - 대한민국 인적자원개발 종합대상 수상(한국HRD협회)
  - 감정노동 근로자 건강보호 우수사례 발표대회 우수상 (한국산업안전보건공단)
- **2017** 고급 회원제 골프장(W.CC) 서비스교육 컨설팅
- **2015**
  - 골프 캐디 서비스 역량 사전 개발(저작권 등록)
  - Association for Talent Development 발표(비타민캠프)
- **2014**
  - 테마파크 서비스 역량 사전 개발(저작권 등록)
  - 'Design Happiness, 행복을 만드는 사람들' l 서비스 철학 제정
- **2013** 마음 관리 프로그램 '비타민캠프' 개발(저작권 등록)
- **2002** 수·다·재 서비스 & 핸드롤링 인사 도입
- **2000** 국내 최초 서비스 명예의 전당 헌정(KMAC)
- **1999**
  - AAPA 교육부문 대상 수상
  - 국내 최초 서비스 교육기관 부문 ISO 9001 인증
- **1997** IAAPA 교육부문 특별상 수상
- **1996** Win-Win 서비스 철학 제정
- **1994** 서비스아카데미 개원

야 고객도 만족한다'는 개념을 확립한 것도 서비스아카데미였다. 지금은 보편적인 이론이 되었지만, 직원들의 생산활동을 원가와 효율로만 계산하던 당시 기업 풍토에서 등장한 이 서비스 철학은 혁신 그 자체였다.

서비스 정신을
기업문화로 정착시키다

이후에도 서비스아카데미는 꾸준히 새로운 프로그램을 선보이며 서비스 산업을 이끌었다. 그중에서도 주목할 만한 성과는 2006년, 서비스 노하우를 집대성해 만든 '서비스 종합컨설팅'이다. 서비스아카데미를 확대해 서비스 강사와 HRD(서비스 인재 육성) 컨설턴트, CS 컨설턴트, 리서치 전문가 등으로 구성된 HRD(Human Resources Development)센터를 신설한 것이다.

이에 따라 CS활동 분석·평가·진단을 통해 중장기 종합 서비스 솔루션을 제공하는 한편, 기업·관공서·병원·학교 등 업종별 '맞춤형 서비스 경영 프로그램'을 제공해 서비스 정신이 기업문화로 자리 잡을 수 있도록 도왔다.

2009년에는 '고객에게 행복을 드리고, 고객과 함께 에버랜드에서 행복한 꿈을 꾼다'는 내용의 행복드림서비스를 전개했다. '고객(Customer)이 원하는 바를 정확히 찾고', '의식과 행동을 변화(Change)시키며', '고객과의 커뮤니케이션(Communication)을 강화해나가는', '3C'를 바탕으로 서비스의 기본과 마음가짐을 강조한 행복드림서비스는 에버랜드를 찾은 고객들에게 행복과 즐거움, 새로운 체험을 제공하는 바탕이 되었다.

서비스 R&D를 시작한 것도 주목할 만하다. '서비스의 대상도, 실행자도 결국 사람'이라는 판단에 따라 2013년부터 본격적으로 연구에 착수했다. 이에 따라 서비스 교육과 품질 향상을 위한 각종 이론적인 토대를 마련하는 한편, 캐스트의 만족도를 검사하는 행복지표, 캐스트 채용에 필요한 인·적성 검사 등을 개발했다. 아울러 외적인 요소에 집중하던 서비스 교육에서 벗어나 서비스 철학을 내재화하는 보다 근본적인 교육에 주력했다. '기계적이 아니라, 좀 더 진정성이 느껴지는 서비스'에 대한 고민은 고객 접점 직원들의 마음가짐에 대한 관심으로 옮겨갔고, 이들의 자발성을 이끌어 낼 수 있는 방법에 대한 연구로 이어졌다.

마침 악성 고객을 뜻하는 '블랙 컨슈머'가 사회적인 문제로 떠올랐고, 이들을 상대하는 직원들의 감정 근로, 혹은 감정 노동도 중요한 이슈가 되었다. 직원들이 악성 고객으로 인해 다친 마음을 치유하지 못한다면, 진정성 있는 서비스도 불가능하다는 판단에 따라 이들을 위한 힐링 프로그램을 구상했다. '비타민캠프'는 그렇게 만들어졌다.

마음을 다친 직원들의
회복탄력성 강화에 중점을 두다

비타민캠프는 그동안 쌓아온 교육 노하우와 자연 인프라를 활용한 다양한 체험활동을 통해 근로자들의 마음 근육을 키우고 감정 관리 능력을 강화하도록 설계됐다. 특히 현재 마음에 쌓여 있는 스트레스를 해소할 뿐만 아니라, 나쁜 기억을 빨리 잊고 좋은 기억과 경험을 지속할 수 있도록 회복탄력성을 강화하는 데 중점을 두었다.

캠프 참가자들은 프로그램 시작에 앞서 자체 개발한 감정 역량 진단 툴 'EMS(Emotional Management Scale)'를 통해 현재 자신의 감정 상태를 확인하고 진단 결과에 따른 맞춤 처방으로 스트레스의 원인과 해답을 찾는다. 이어 1~2일에 걸쳐 '공감-비움-채움-키움'의 과정을 거친다.

'공감' 시간에는 나의 감정을 표현하고 동료나 다른 참가자들과 공유하면서 나와 타인의 감정을 이해하는 시간을 갖는다. '비움' 단계에서는 에버랜드에서 놀이기구를 타고 사진을 찍거나, 숲에서의 산책, 트레킹, 명상, 요가 등을 하며 스트레스를 푼다. 이어 스트레칭, 향기 테라피 등을 통해 긍정적인 감정을 채우는 '채움'을 거쳐 일상으로 복귀한 뒤에도 긍정적인 감정을 지속, 강화해나가는 '키움' 방법을 익힌다.

처음에는 에버랜드 내부 직원을 위한 프로그램으로 개발했지만, 처음 선보이는 감정근로자 특화 교육이라는 점과 프로그램의 효과가 알려지면서 외부에도 교육을 개방했다. 지금까지는 서비스 업종 중심으로 운영해왔지만 코로나19 시기를 거치며 번아웃, 불안, 우울증 등을 호소하는 사람들이 많아짐에 따라 제조, IT, 금융 등 모든 산업군으로 대상을 확대했다. 캠프가 만들어진 지 올해로 10년째이지만, 여전히 참여자들의 높은 만족도와 추천으로 기업과 기관들의 문의가 해마다 늘고 있다.

경험혁신아카데미로
새롭게 출범하다

비타민캠프의 활성화와 함께 서비스아카데미에도 대대적인 변화가 생겼다. 2022년 '경험혁신아카데미'로 이름을 바꾸고 새롭게 출발한 것이다. 단순히 명칭만 변화한 것이 아니라, 에버랜드 구성원을 위한 서비스 교육기관에서 내외부 고객에게 고객경험을 통해 인사이트를 제공하는 고객경험 혁신의 허

비타민캠프 4단계 교육 과정

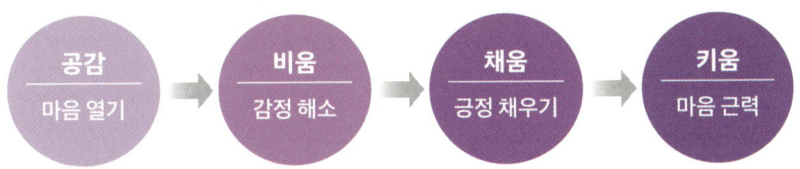

비타민캠프 효과

스트레스 원인
대인관계 스트레스
성과에 대한 심리적 압박, 감정 컨트롤 역량 부족 등

■ **개인별 감정관리 역량진단 및 피드백**
감정관리 현 수준 진단 및 개선방안 제시

■ **스트레스 해소 프로그램**
스트레스 해소의 다양한 방법을 소개,
자신에게 맞는 방법을 스스로 찾도록 유도

■ **마음근육 강화 훈련**
긍정성 트레이닝 등을 통해 스트레스 내성 및
회복탄력성 증진

개인 차원
- 스트레스에 효과적 대처 및 자기관리능력 향상
- 자신감 회복을 통해 업무만족도 제고

조직 차원
- 구성원 간의 관계 향상으로 긍정적 조직문화 형성
- 생산성 향상 및 애사심, 조직몰입 증대

브로그 역할도 바뀌었다.

현재 경험혁신아카데미는 비타민캠프를 비롯해 포레스트캠프, 리더십캠프, 이큐브스쿨 등 4개의 교육과정을 운영 중이다. 이 가운데 어린이를 대상으로 한 이큐브스쿨을 제외하면 모두 성인이 참가하는, 기업 판매용 B2B 교육상품이다.

비타민캠프가 마음 건강을 증진시키는 과정이라면, 포레스트캠프는 다양한 체험을 통해 '펀(fun)한 조직 경험'을 제공한다. 리더십캠프에서는 리더들이 일상에 벗어난 차별화된 경험을 통해 본인들의 리더십을 점검해보고, 앞으로의 일과 삶, 방향 등을 구상하게 한다. 프로그램의 형식은 다르지만 자신의 마음을 돌아보고, 특별한 경험 속에서 다시 앞으로 나아갈 힘을 얻는다는 점에서는 동일하다.

이큐브스쿨은 기존에 있던 동물사랑단과 식물사랑단이라는 에버랜드 체험교육 상품을 발전시켜 만들었다. 예비 초등생부터 초등학생을 대상으로 동·식물을 포함한 우리가 사는 세상을 '즐겁게(Enjoyment) 체험하며', '심도 있게 탐구(Exploration)하고' 이를 통해 키운 통찰력으로 어린이들의 '삶을 풍요롭게(Enrichment)' 만들기 위한 프로그램이다. 동식물에 대한 체계적 접근으로 과학적 사고력을 높이는 동시에 주변 생물에 대한 애정을 키울 수 있도록 설계했다.

에버랜드의 다양한 인프라를 활용한
특별한 체험

이들 프로그램의 가장 큰 강점은 바로 에버랜드가 보유한 다양한 인프라를 활용한다는 점이다. 동·식물원, 어트랙션 등 파크 내의 모든 시설과 인근

포레스트캠프는 에버랜드가 지난 반세기 동안 가꿔온 프라이빗한 명품 숲에서 진행한다. 서울 근교에 위치해 임직원 GWP(Great Work Place) 행사나 고객 초청 이벤트 장소로 인기가 높다.

숲, 모터스포츠를 즐길 수 있는 스피드웨이까지 흔히 접하기 어려운 시설을 두루 활용해 프로그램을 구성한다.

이중 특히 에버랜드가 반세기에 걸쳐 향수산 일대에 조성한 숲은 약 9만㎡(2만7,000평) 규모를 자랑하는 '명품 숲'이다.

34만여 그루의 나무가 자라고 있는 '명품 숲'은 계절마다 색다른 매력이 있어 '숲멍'하기에 좋고, 중앙 연못에는 물장군·물방개 등 다양한 수생식물과 곤충들이 살고 있어 아이들을 위한 자연 학습장으로도 훌륭하다. 수백 명이 한자리에 모일 수 있는 넓은 잔디 광장과 야외공연장, 국내 최대의 은행나무 군락지는 쉼과 치유의 시간을 선사한다. 특히 자연체험을 더욱 강화할 수 있도록 편백나무와 통유리가 어우러진 특수 시설 '포레스트 돔'에서는 새, 바람, 물소리 등을 벗 삼아 하늘을 바라보며 명상과 스트레칭을 할 수 있다.

이밖에도 잔디광장과 야외 공연장이 마련돼 있고 트레킹, 명상, 요가, 음악회 등 다양한 프로그램을 선택해 이용할 수 있어 프라이빗한 공간에서의 기업 행사나 발표회 장소로도 제격이다. BMW그룹이 뉴미니 컨트리맨의 세계 최초 공개행사를 생방송으로 진행한 곳도 이곳 포레스트 캠프이다.

'비일상적인 경험' 제공도
확장된 개념의 서비스

이처럼 '아무나 들어갈 수 없는 장소'에서 진행하는, '우리만을 위한 단독 체험 프로그램'은 특별한 경험이다. 경험혁신아카데미가 강조하는 것도 바로 이 색다른 공간, 색다른 콘텐츠다. 매일 반복되는 일상에서는 늘 비슷한 경험을 하고, 비슷한 결론을 내린다. 하지만 새로운 공간에서의 새로운 경험은 새로운 생각을 만든다. 이것을 단순한 교육 프로그램이 아니라, 고객에게 제공하는 또 다른 형태의 서비스로 정의하는 것은 이런 이유에서다.

에버랜드가 즐거움과 행복을 선물하는 곳이라면, 이들 프로그램의 키워드는 통찰과 성장이다. 경험혁신아카데미는 새로운 교육 프로그램을 통해 자연스럽게 서비스의 이동 혹은 확장을 이뤘다. 앞으로 고객서비스가 어떤 방향으로 나아가야 하는지에 대한 새로운 방향을 제시한 셈이다.

바뀐 로고에서도 변화에 대한 의지가 감지된다. 공손히 인사하는 모습을 형상화한 서비스아카데미 시절의 로고 대신 사람들의 머리 위로 별이 빛난다. 예전에는 고객을 만족시키기 위해 서비스 스킬을 가르치는 데 주력했지만, 지금은 고객에게 새로운 경험을 전달하는 방법을 고민한다.

이제 과제는 서비스 분야의 독보적 강자인 에버랜드라는 브랜드와 이 새로운 교육 상품을 보다 효과적으로 결합하는 일이다. '경험을 선물한다'는 경험혁신아카데미의 도전과 혁신이 달라진 시대, 서비스산업의 새로운 트렌드를 만들고 있다.

CHAPTER 5

Happily ever after, Together

내일보다
먼
미래를
그려라

1

시대의 파도에
올라타라

Voice of Customer

가정의 달 5월, 가족들과 함께 에버랜드를 방문했습니다. 연휴 기간이라 사람이 많을 것 같아 처음으로 개장 시간에 맞춰 도착했는데, 이미 매표소 입구는 사람들로 가득했어요.
10시 3분 입장과 동시에 아이가 가장 좋아하는 사파리월드를 가기로 했습니다. 이날 스마트 줄서기를 처음 시도해봤어요. 138분이라는 시간이 뜨는 순간, 경쟁이 치열하다는 생각이 들었지만 좌절하지 않고 아이가 좋아하면서도 대기가 없는 나비체험관과 정원을 들렀습니다. 봄꽃을 여유롭게 구경하며 시간을 보내다 보니 탑승 30분 전 알람이 울리고, 10분 전에는 QR코드가 뜨더라고요.
재빠르게 사파리월드로 갔습니다. 덕분에 에버랜드를 효율적으로 즐길 수 있었어요. 감사합니다. 그리고 에버랜드 앱에서 스마트 줄서기를 이용하지 않아도 어트랙션 대기시간을 체크할 수 있어 너무 유용했습니다.

IT 기술을 바탕으로
고객 서비스를 강화하다

코로나19라는 유례없는 팬데믹을 지나며 비대면과 디지털은 사회 변화를 특징 짓는 핵심 단어가 되었다. 에버랜드도 IT 기술을 기반으로 고객들에게 편리한 이용 환경과 서비스를 만들기 위해 노력했다. 그 대표적인 사례가 2020년 4월, 카카오모빌리티와 손잡고 만든 'IT 주차 시스템'이다.

에버랜드에는 총 1만여 대 규모의 주차장이 여러 개로 나뉘어 있다. 하지만 늘 정문 주차장에 차량이 몰려 정체가 심했다. 클라우드 기반 IT 주차 시스템은 실시간 주차 현황 데이터를 수집해 정문 주차장 이용 가능 여부는 물론 가장 빠르게 주차할 수 있는 곳을 안내한다. 빈 곳을 찾아 주차장을 헤매는

가상공간에서 에버랜드를 실감나게 즐길 수 있도록
기획된 에버랜드 메타버스

시간을 줄임으로써 고객 편의성을 높였고, 차량을 분산시켜 교통 혼잡도도 크게 줄였다. 앱에서 주차요금 자동정산도 가능하다.

2022년에는 주요 놀이기구와 콘텐츠들을 가상 체험할 수 있는 '에버랜드 메타버스'도 선보였다. 에버랜드의 세계관을 디지털로 확장하고 온·오프라인에서의 고객 경험을 서로 연결하기 위해 기획된 것으로, 에버랜드 콘텐츠가 가진 재미 요소에 게임 방식을 포함해 흥미를 더했다.

앞으로도 에버랜드는 디지털 세계와 파크를 연계한 디지로그(디지털과 아날로그의 합성어) 콘텐츠를 지속적으로 개발해 선보이며 메타버스 생태계를 확장해 나갈 계획이다.

디지털 시대,
놀이공원의 콘텐츠와 경험을 온라인에 담다

이처럼 모바일과 IT 기술을 결합해 고객 서비스와 경험을 극대화하는 한편, 온라인 채널도 강화했다. 테마파크의 비일상적 경험을 언제 어디서든 누릴 수 있도록 다양한 소통 창구를 만든 것이다.

2011년 처음 소셜 미디어를 도입했을 때만 해도 주요 목적은 모니터링이었다. 온라인 플랫폼이 다양화되고, 온라인상에서 수많은 정보가 오가는 과정에서 고객들에게 올바른 정보, 원하는 정보를 적재적소에 제공하는 동시에 소통 창구를 마련하기 위해 소셜 미디어 채널을 개설했다. 도입 초기에는 트위터·페이스북에 할인 정보, 직원들만 알고 있는 에버랜드 이용 꿀팁 등 정보성 콘텐츠를 제공했고, 블로그(withEverland)를 통해 고객 에피소드, 삼성화재 안내견 이야기 등을 글과 사진으로 담아냈다.

이후 유튜브, 인스타그램, 틱톡 등 새로운 채널의 등장에 따라 에버랜드도 변화를 꾀했다. 전통적인 광고 미디어보다 뉴미디어 콘텐츠가 브랜드 이미지를 강화하고 홍보하는 데 효과적이라는 분석에 따라 2019년 인스타그램과 유튜브 채널을 오픈하는 등 고객들과의 직접적인 소통 창구를 넓혀 나갔다.

이때 가장 중요하게 생각한 것은 채널의 차별화였다. 가령 '틱톡'은 1020 세대가 가장 많이 이용하는 플랫폼인 만큼 젊은 층을 타깃으로 그 시기 가장 화제가 되는 밈과 챌린지 영상에 도전했다. 주토피아 동물, 에버랜드의 새로운 굿즈, 직원들의 일상 등 다양한 주제를 다루되 트렌디한 음원과 센스있는 문구로 고객들을 사로잡았다. 그중 주토피아 동물들이 '뽀삐뽀삐뽀 챌린지'에 도전한 영상은 높은 조회 수를 기록하며 큰 인기를 끌었다.

진정성과 리얼리즘으로
접근하라

그중에서도 가장 성공적으로 안착한 채널은 유튜브다. 오프라인 경험을 온라인으로 옮길 수 있는 가장 효율적인 매체로 유튜브를 택했고, 그 과정에서 탄생한 것이 바로 '말하는 동물원 뿌빠TV(이하 '뿌빠TV') 와 '티타남'이다.

2019년 1월에 만든 티타남은 에버랜드의 간판 놀이기구 '티익스프레스를 타주는 남자'라는 뜻으로, 에버랜드 직원들이 직접 에버랜드 내 어트랙션을 탑승해보며 궁금증을 해소해주는 예능 채널로 시작했다.

이듬해 오픈한 뿌빠TV는 에버랜드 주토피아 동물들의 감성 스토리를 다루고 있다. 특히 '전지적 할부지 시점'의 바오 패밀리 이야기는 코로나19 팬데

에버랜드 공식 유튜브 채널 '에버랜드(@withEverland)'가 테마파크 업계 최초로 누적 조회 수 5억 뷰(2024년 2월 기준)를 돌파했다. 2023년 7월에는 레저업계 처음으로 구독자 100만 명 시대를 열며 골드버튼을 획득했다.

믹 시절 화제의 중심이었다. 아기 판다 푸바오의 탄생, 팬데믹으로 인해 관람객을 만날 수 없었던 시기적인 문제, 주키퍼와 동물의 소통과 사육사를 '할부지'라고 지칭하며 하나의 가족으로 묶은 스토리텔링, 그리고 꾸준히 콘텐츠를 생산해낸 직원들의 노력이 모두 맞아떨어지면서 2030 여성을 비롯해 다양한 연령층으로부터 공감과 감동을 자아내며 랜선 테마파크를 더욱 활성화시켰다.

두 채널이 개설되기 전부터 에버랜드는 공식 브랜드 채널인 '에버랜드(@withEverland)'를 운영 중이었다. 초창기에는 주로 아카이빙을 위한 공간으로, 정보성 콘텐츠 위주이던 채널엔 사계절 축제별 즐길거리를 비롯해 교통 및 할인 정보, 취향별 나들이 코스, 먹거리·상품 등 에버랜드 방문 전 알아야 할 유익한 정보가 많았다. 지금은 판다와쏭, 오구그레서, 꽃바람 이박사 등 보다 확장된 콘텐츠를 선보이며 폭넓게 소통하고 있다.

동물 친구들의 팬덤이 형성되다

랜선 테마파크의 파급력은 코로나 이후 에버랜드의 방문자 증가로 이어졌다. 현재 에버랜드 평균 방문자 수는 코로나 19 이전 수치를 회복했고, 특히 판다월드의 방문객은 2023년 5월 마지막 주 하루 평균 방문객이 약 7,000명에 달했을 정도로 관심이 뜨거웠다. 한때 판다월드의 대기시간이 6시간까지 늘면서 더 많은 관람객이 바오패밀리를 볼 수 있도록 5분 관람제를 도입하기도 했다. MD판매량도 급격히 증가했다.

주토피아는 팬덤을 더욱 견고히 형성하고 있는 중이다. 에버랜드의 네이버 카페 '주토피아'는 푸바오로 시작해 주토피아에 많은 관심을 가진 팬들이 몰리고 있다. 푸바오 탄생 이전, 한국호랑이 팬덤을 중심으로 돌아가던 카페가 바오 패밀리를 비롯해 다양한 동물들에 대한 이야기로 하루 수백 개의 콘텐츠가 양산되는 중이다. 주키퍼들도 이 공간에서 팬들과 소통하며 궁금증을 풀어준다.

한편, 방문객 증가와 두터운 팬덤의 형성으로 현장에서 관람 시야를 방해하는 일이 늘었다. 주토피아, 판다월드를 사랑하는 팬들이 많다는 점은 고마운 일이지만 고객 서비스 차원에서는 문제를 해결해야만 했다. 대안으로 만든 것이 바로 크리에이터클럽이다. 크리에이터클럽은 일정 기간 에버랜드가

'오구 그레서'는 판다월드의 또 다른 가족인 레서 판다의 일상을 보여주는 코너로, 에버랜드에는 순둥이 레시(♂, 2014년생), 말괄량이 레몬(♀, 2013년생), 조심성 많은 레아(♀, 2019년생)까지 3마리의 레서 판다가 살고 있다.

공식적으로 인정하는 유튜버다. 에버랜드가 제시한 기준에 맞춰 촬영에 응하도록 유도하고, 크리에이터클럽을 위한 특별한 체험 기회를 제공한다. 에버랜드의 공식 마크를 달고 활동하는 일종의 '명예사원' 개념이라 만족도가 매우 높다. 관람 문화와 촬영 문화를 개선하는 데도 일조하고 있다.

온드미디어(Owned Media)
경험의 폭을 더욱 깊게 만들다

에버랜드의 온드미디어(Owned Media, 기업이나 브랜드가 자체적으로 운영하는 디지털 미디어 채널)는 고객 경험의 폭을 더욱 깊고, 넓게 만들었다. 에버랜드가 자체적으로 생산하는 콘텐츠를 소비한 고객들은 에버랜드를 방문해 또 다른 놀이로 승화한다. 어트랙션을 탑승하고 동물을 관람하는 이전의 테마파크 고객 경험 행위에 멈추지 않는다. 주토피아 동물을 보러 와서 간단한 영상을 찍고, 이를 기반으로 짤이나 밈을 만들어 팬들끼리 공유해 더욱 풍부한 경험을 확대 생산하는 중이다.

또한 고객들은 온라인 콘텐츠를 통해 발견한 테마파크의 디테일한 요소에 주목하기 시작했다. 푸바오를 중심으로 한 바오 패밀리 세계관을 구축하는가 하면, 강철원·송영관 주키퍼 등 에버랜드 직원들에 대한 관심도 커졌다.

파급력 있는 온드미디어의 영향력은 여기서 그치지 않는다. 여름 축

2024년 9월 개봉된 영화 〈안녕, 할부지〉. 개봉 첫날 박스 오피스 1위를 차지했다.

제를 홍보하기 위해 당근마켓과 협업하며, 당근 알바 서비스를 이용해 모집한 일일 아르바이트에는 3,000명 이상이 지원했다. 4명의 일일 아르바이트 모집에 700배 이상의 지원자가 몰린 것이다. 하루 동안 푸바오를 돌보는 매니저가 되는 프로모션에는 1만 3,000여 명이 지원했고, 푸바오 생일파티 현장 참가자 30명을 뽑는 데에는 8,000명이 지원하기도 했다. 2021년 출간된 푸바오의 성장 에세이 『아기 판다 푸바오』는 5만 부 이상 판매되며 베스트셀러에 올랐고, MD상품을 넘어 외부 브랜드와의 협업 콘텐츠로까지 그 영역을 확장해나가고 있다.

2024년 9월에는 푸바오와 주키퍼(사육사)들과의 소중한 순간을 담은 영화 〈안녕, 할부지〉도 개봉했다. 에버랜드와 에이컴즈가 공동 제작한 〈안녕, 할부지〉는 푸바오의 엄마, 아빠인 아이바오와 러바오가 판다월드로 온 순간부터

푸바오가 중국으로 떠난 이후의 모습들을 다큐메이션(다큐멘터리+애니메이션) 방식으로 담았다.

푸바오가 에버랜드 판다월드에서 보낸 행복한 순간, 꽃밭과 장난감들을 무참히 부숴버리는 행패(?), 애교와 앙탈, 기쁨과 분노 등 천의 얼굴을 보여주며 주키퍼들과의 진한 케미를 선보여 재미를 더한다.

또한, 2024년 1월부터 약 5개월간 밀착 촬영해 푸바오를 비롯한 엄마 아이바오, 아빠 러바오의 모습과 쌍둥이 동생 루이바오·후이바오의 성장 과정도 만나볼 수 있다.

영화는 개봉 첫날인 9월 4일 관객 수 3만9,560명을 불러 모으며 전체 박스오피스 1위를 차지하는 돌풍을 일으켰다. 다큐멘터리 장르임에도 불구하고 쟁쟁한 국내외 화제작들을 모두 제쳐 다시 한 번 푸바오의 인기를 실감하게 했다.

이제 에버랜드의 경쟁자는 같은 테마파크가 아니다. 온라인과 모바일 경험이 중요해진 시대, 여유 시간을 선점하는 모든 엔터테인먼트 요소와 경쟁하는 시대가 된 것이다. 그만큼 더욱 치열해진 환경에서 에버랜드는 온라인 콘텐츠 경험을 더욱 풍부하게 만드는 데 집중하고 있다. 온라인 콘텐츠로 오프라인 테마파크를 활성화시키고, 현장에서 고객과 함께 다양한 콘텐츠를 만들어 다시 온라인으로 연계하는 선순환 구조를 만들어가고 있다.

에버랜드 스타 열전 ❸

에버랜드의 온라인 콘텐츠 양대 산맥
티타남과 말하는 동물원 뿌빠TV

캐스트들이 말하는 에버랜드 이야기
티타남

- 장르 : 웹예능
- 구독자 애칭 : 티린이(티타남 어린이)
- 구독자 수 : 33.4만 명

티타남은 에버랜드 내에서 일하는 직원들과 다양한 끼와 재능을 보유한 캐스트들이 꾸려 가는 채널이다. 채널 타이틀 이미지에 적힌 '에버랜드 직원들이 퇴사하고 개인 유튜브 하려고 연습하는 채널'이라는 콘셉트처럼 자유분방하고 재미있다. 2022년 영혼 없는 춤사위와 노래로 주목받았던 소울리스좌도 이곳을 통해 발굴되었다. 현재 시즌3까지 나왔으며, 직원들이 고인물, 신입사원, 족장님, 점장님 등 각 시즌에서 강력한 병맛을 보여주는 캐릭터로 활동하며 큰 인기를 끌고 있다. 주로 에버랜드의 기구를 탑승하거나 에버랜드 캐스터의 일상을 담으며, 2024년엔 에버랜드 이색실험이라는 제목으로 '아마존 vs 썬더폴스, 뭐가 더 많이 젖을까?', '비 오는 날 캐리비안베이 슬라이드를 타면 더 빠를까?' 등의 흥미로운 질문을 던지고 실험해보기도 한다. 최근 쇼츠 포맷에 집중하며 '숏폼 맛집'으로 트렌드를 이끌고 있다.

주토피아 랜선 만남의 장
말하는동물원 뿌빠TV

- **장르** : 동물예능
- **구독자 애칭** : 뿌딩이
- **구독자 수** : 82.9만 명

뿌빠TV는 에버랜드 주토피아 동물들의 일상을 담은 콘텐츠다. 채널명인 뿌빠는 말만 들어도 어린이들을 웃게 만드는 '똥'을 상상하게 만드는 '뿌지직빠지직'의 준말이다. 채널명에서도 느껴지듯 뿌빠TV의 시작은 어린이 고객들이었다. 그러나 의외로 2030 여성 구독자의 비율이 높아지고, 푸바오의 인기가 상승하며 전 연령을 아우르게 되었다.

바오 패밀리의 인기를 불러온 뿌빠TV 주력 콘텐츠 '전지적 할부지 시점'을 비롯해 판다이모 오승희 사육사가 등장하는 루이바오와 후이바오의 육아일기 '오와둥둥', 레서판다 가족들의 일상인 '도레미 레서가족', 로스트 밸리 아기 기린 마루와 아기 얼룩말 쿠미의 성장일지인 '마쿠마쿠', 코끼리들의 생활을 담은 '우리끼리', 타이거밸리의 이야기를 다루는 '뿌빠와 호랑이', 에버랜드 수의사의 일상을 담은 'ㅅㅇㅅ(수요일에는 수의사TV)', 강철원 사육사가 다른 동물을 소개하는 전지적 옆집 시점 등 다양한 동물을 만나볼 수 있다.

2

언제나 인간과 자연의 공존을
염두에 두라

Voice of Customer

"아이바오야, 행복하니?"
이 말을 들었던 순간을 잊을 수 없었습니다. 아마 그날 이야기를 들었던 모든 사람들이
그랬을 겁니다. 지난 8월 송영관 주키퍼의 강연이 있던 날입니다. 많은 팬들이 모인
가운데, 바오 가족 이야기를 나누고 팬들의 질의응답 시간이 이어졌습니다.
바오 가족의 육아 난이도와 판다들의 성향 등 다양한 이야기를 나누었는데요.
그중 질문 하나가 '동물 번역기가 있다면, 어떤 아이와 어떤 대화를 나누고
싶은가?'였습니다. 이 질문을 받은 송 주키퍼는 매번 바뀌지만 지금은 아이바오와
이야기를 나눠보고 싶다고 했는데요. 제법 나이가 들고 육아나 삶을 받아들이고 있는
듯 보이는 아이바오에게 자신도 모르는 것이 있지 않을까 싶어 대화를 나눌 수만
있다면 이 질문을 하고 싶다고 말했습니다. 그 이야기는 물론 강연장에 있던 팬들도,
온라인에서 이 이야기를 들은 팬들에게까지 감동이었습니다. 진심 어린 마음으로 판다
패밀리를 생각하고 사랑하는 마음을 느낄 수 있었습니다.

동물과 고객이 모두 행복한
유토피아

2024년 7월, 주토피아를 비롯해 에버랜드 전체가 들썩였다. 판다 가족의 생일을 맞아 '바오 패밀리 버스데이 페스타(Bao Family's Birthday Festa)'가 열렸기 때문이다. 엄마인 아이바오와 아빠 러바오, 푸바오와 루이·후이바오까지 모두 7월생인 바오 가족을 축하하기 위해 마련한 자리였다.

첫돌을 맞은 쌍둥이 루이바오와 후이바오를 위해서는 특별히 대나무로 만든 공과 마이크, 판사봉 등의 돌잡이 장난감도 준비했다. 현장에 함께 하지 못한 바오 가족 팬들을 위해 생일 파티는 유튜브로도 생중계됐다.

바오 가족은 귀여운 동물이 어떻게 사람들을 위로하는지를 일깨운 계기였다. 푸바오는 일종의 '신드롬'이 되었고, 거대한 팬덤도 만들어졌다. 에버랜드 주토피아의 인기도 덩달아 치솟았고, 바오 가족이 머물고 있는 판다월드는 에버랜드의 명소로 자리 잡았다.

2024년 7월에 진행된 루이바오와 후이바오의 돌잔치

최대한 자연과
유사한 환경을 만들다

주토피아의 역사는 1976년 개장한 용인자연농원의 동물원에서 시작한다. 국내에 동물원이 많지 않던 당시, 자연농원은 단순히 동물을 보고 관람하는 공간이 아니라 교육적 즐거움을 주는 '에듀테인먼트 콘텐츠'로 자연과 동물을 이해하도록 하는 데 그 목적이 있었다.

1992년에 사자와 호랑이 두 맹수를 새끼 때부터 함께 키우면서 세상에 하나뿐인 '와일드 사파리'를 최초로 오픈했고, 1996년에는 사파리월드를 새로 오픈하며 아프리카 초원의 실제 환경에 가깝도록 설계했다. 동·식물을 방사해 자연 그대로의 환경을 보여주고자 노력했고, 이후 동물 가족 형태의 방사를 통해 좀 더 나은 생활 환경을 만들어주기 위해 노력했다.

멸종 위기에 처한 동물의 '개체 보존'에서도 괄목할 만한 성과를 거뒀다. 특히 중국동물원협회와 손잡고 '판다 번식, 연구, 합작에 관한 계획'을 체결, 세계에서 열 번째로 판다를 국내에서 육성하는 데 성공했다. 판다의 입맛과 영양에 맞춘 식사를 마련하기 위해 전국 각지를 돌며 판다 주식인 대나무를 수급하는 수고도 아끼지 않았다.

1994년 세계 희귀종인 백호를 아시아 최초로 번식하는 데도 성공해 1995년 두 마리를 더 탄생시켰고, 이듬해에는 한국호랑이가 3남매를 출산했다. 백호, 사불상, 펭귄 등 희귀동물의 번식과 연구에 남다른 노력을 기울인 결과였다.

또, 오늘날처럼 동물 복지에 대한 개념이 많지 않던 1990년대 중반에도 에버랜드는 방사장과 내실 등 동물들의 주거 환경에 주목해 지속적으로 환경을 개선해나갔다. 최대한 자연환경과 비슷한 공간을 만드는 것을 목표로 2013년 로스트밸리를 신설하고, 2016년 판다월드의 공간을 확장했다. 지금도 에버랜드는 동물 환경 개선에 대한 중장기적 계획을 수립하고 실행함으로써 주토피아를 진정한 동물들의 유토피아로 만들기 위해 노력하고 있다.

아울러 에버랜드 내에서 사육 중인 멸종 위기종의 보전을 위해 노력하는 한편, 야생 멸종 위기종이 안전한 생태 환경에서 성장하고 활동할 수 있도록 다양한 캠페인과 활동을 이어가고 있다.

2018년부터 한국보전기금이 추진 중인 '두만강 한국호랑이 생태통로 프로젝트'에 참여해 한국호랑이의 생태 공간을 확보할 수 있도록 지원하고 있고, 야생 호랑이 서식지를 보호하고 호랑이 멸종을 방지하자는 메시지를 많은 사람에게 전하기 위해 '세계 동물의 날' 기념 호랑이 보전 캠페인을 진행했다.

1996년 총에 맞아 에버랜드로 구조되어 온 큰고니 부부 사이에서 2023년 탄생한 네 쌍둥이 중 선천적으로 건강이 좋지 않은 한 마리를 제외한 세 마리를 야생 방사하는 프로젝트도 진행 중이다. 에버랜드와 낙동강하구에코센터, 조류생태환경연구소가 협업해 큰고니 세 쌍둥이를 을숙도 철새공원에서 보호 관리하며, GPS를 부착하고 이동 경로를 분석해 겨울이 되면 야생 큰고니 무리와 함께 동행할 수 있도록 도울 계획이다.

종합적인 건강 상태를 꼼꼼히 살피며, 부모의 마음으로 돌보다

동물 복지는 오늘날 동물원의 주요 과제다. 제한된 구획 안에서 인간과 교류하며 사는 동물들에게 행복하고 건강한 삶을 영위하도록 돕는 게 그 무엇보다 중요하다는 인식을 바탕으로 한다. 그렇다면 동물의 행복하고 건강한 삶은 어떻게 만들 수 있을까? 1960년대 정립된 동물의 5대 자유 기준에 그 답이 담겨 있다.

우선, 영양가 있는 먹이와 신선한 물이다. 또한 질병으로부터 안전하게 치료받고, 쾌적한 온도의 쉼터가 존재해야 하며, 넉넉한 공간과 호기심을 자극하는 환경을 제공해야 한다. 여기에서 주목해야 하는 존재가 바로 동물을 존중하며 보살피는 사육사다.

에버랜드에서는 사육사를 주키퍼라 부른다. 각자 맡은 동물의 종류와 수는 저마다 다르지만, 모든 주키퍼는 본인이 돌보는 동물을 위해 온 마음을 다한다. '주키퍼의 발자국 수와 동물의 건강이 비례한다'는 말이 있을 정도다.

주키퍼는 자신이 맡은 종의 식성뿐만 아니라 개별적인 식습관까지 꼼꼼하게 살펴 동물에게 영양학적으로 가장 좋은 먹이를 제공한다. 배변, 활동량도 꼼꼼히 확인하며 종합적인 건강 상태를 분석한다. 동물들이 사는 방사장과 내실의 청결도 이들의 몫이다. 동물들의 윤기 흐르는 털, 적당한 지방과 근육의 균형은 모두 주키퍼의 관심에서 비롯된다.

동물의 행복권을 보장하는 '인리치먼트 프로그램'

동물의 정서적 안정과 행복은 주토피아의 중요한 가치다. 동물원이라는 공간은 광활한 자연과 비교했을 때 한계성이 분명하다. 동물의 관점에서 보면 좁은 공간에서 무료함을 느끼기 쉽고, 스트레스가 발생할 수 있다.

동물의 행복은 곧 고객의 행복으로 이어진다. 정형행동을 하는 동물, 무기력증에 빠진 동물은 사람과 교감하기 어렵기 때문이다. 에버랜드는 '동물과 사람이 모두 행복한 곳을 만들자'는 기조 아래 동물의 스트레스나 무기력증을 해소할 수 있는 '인리치먼트 프로그램'을 운영 중이다. 동물들에게 새로운 환경을 제공해 탐색 활동을 이어가게 하거나, 사회적 관계를 풍부하게 맺도록 하기 위한 시도다. 급여를 다양화하는 먹이 풍부화와 후각을 자극하는 감각 풍부화, 그리고 장난감을 제공하는 놀이 풍부화 등의 방법도 있다.

이처럼 다양한 방식을 통해 궁극적으로 동물이 자연에서 보일 수 있는 본능적인 행동과 습성을 발현하도록 이끄는 데 그 목적이 있다. 아울러 스트레스를 해소하고 신체적 활동을 돕기 위해서이다.

가령, 야생에서 호랑이는 사냥과 영역 확장을 위해 하룻밤에도 40~50km를 이동하는 습성이 있다. 동물원에서는 사육 공간을 넓힌다 해도 호랑이가 야생에서 이동하는 만큼의 거리를 만들 수 없다. 이를 대체하기 위해 다양한 설치물로 공간을 복잡하고 다채롭게 만들어 호기심을 자극해 그만큼 움직이도록 하는 방식이다.

아프리카 펭귄인 자카스펭귄에게는 야생 사냥 본능을 일깨우기 위해 먹이를 끼운 퍼즐을 만들고 물에 띄워주기도 한다. 로스트밸리의 쌍봉낙타는 입술과 혀 근육을 더 활발히 사용할 수 있는 장난감을 제공한다.

이외에도 바바리양을 위한 모래 깔아주기, 사자와 호랑이가 발톱 관리와 함께 '터그(입으로 물고 잡아당기는) 놀이'를 유도하는 스크래처까지 모두 인리치먼트 프로그램이다.

그중에서도 에버랜드 내 숲속 동물원 '뿌빠타운'은 인리치먼트 프로그램의 효과를 잘 보여주는 공간이다. 기존 애니멀원더월드 지역을 리뉴얼해 만든 곳으로, 약 8,600㎡(2,600평) 규모의 넓은 야외에 30여 종의 다양한 동물들이 살고 있다.

위_뿌빠타운을 대표하는 동물 중 하나인 카피바라. 2020년 쥐띠해를 맞아 새롭게 이사 온, 세상에서 가장 몸집이 큰 설치류이다.
아래_나무늘보가 하늘 놀이터에 매달려 먹이를 받아먹는 모습

뿌빠타운에는 동물들의 생태 습성을 고려해 관람객 머리 위로 하늘다리와 통로 등 동물 놀이터가 곳곳에 설치돼 있다. 라쿤, 코아티, 다람쥐 원숭이 등 귀여운 동물들이 파란 하늘을 배경으로 자유롭게 이동하는 모습을 관찰할 수 있고, 느림보로 소문난 두발가락 나무늘보는 주키퍼가 직접 나무로 만들어준 하늘 놀이터에 매달려 먹이를 받아먹는 모습도 볼 수 있다.

이외에도 작은개미핥기, 목화머리타마린, 비버 등 세계적으로 멸종되어 가는 희귀한 동물들도 다양하게 접할 수 있는 자연생태 체험학습장이다.

인리치먼트 프로그램의 궁극적 목적은 동물원 안에서 동물의 행복권을 보장하는 것이다. 이것이 바로 주토피아 동물들이 정서적인 안정과 활기를 유지하는 비결이자 고객들과의 편안한 교감을 만드는 핵심 요소다.

동물과 관람객의 교감을 이끌다

에버랜드는 고객들이 주토피아의 세계를 이해하고 공감할 소통 창구를 만들기 위해 오랜 시간 노력해왔다. 사파리월드나 로스트밸리는 고객과 동물을 이어주던 대표적인 콘텐츠였다. 최근 SNS의 활성화와 함께 소통 방식은 더욱 다양해졌다. 그중 하나가 유튜브 뿌빠TV와 네이버 주토피아 카페다.

특히 초창기 한국호랑이를 사랑하는 고객들 위주였던 주토피아 카페는 바오 가족을 넘어 지금은 주토피아의 다양한 동물 소식을 고객들에게 전하는 공간으로 탈바꿈했다.

일례로, 바오 가족의 생활을 살펴보던 고객들 사이에서 '왜 러미안(나무 정글짐) 구조를 바꿔 러바오를 불편하게 만들었느냐'는 얘기가 자주 등장했다.

에버랜드는 한국호랑이 종 보전에도 적극 나서고 있다. 2021년에는 세계적으로도 희귀한 한국호랑이 다섯 쌍둥이가 태어나는 경사를 맞았다.

러바오는 주키퍼가 특별히 제작한 이 러미안을 너무 좋아해 밥도 먹지 않고 내내 그곳에서 휴식만 취했다. 주토피아는 러바오의 건강한 활동을 돕기 위해 눈물을 머금고 러미안의 부분 해체를 단행했다. 러미안이 달라진 이유와 함께 러바오가 조금 불편해진 러미안 아래로 내려와 자는 모습을 전했고, 그 소식은 조회 수 2만을 넘는 대기록을 세웠다.

고객들이 동물원의 환경이나 동물의 행동 변화에 민감하게 반응하고, 동물의 입장에서 생각하려는 마음은 판다월드에만 해당하지 않는다. 주토피아를 직접 방문해 살필 뿐만 아니라 주토피아 카페나 뿌빠TV에 올라오는 다양한 동물들의 일상 하나하나에 진심 어린 관심을 보인다. 또 동물의 행복과 복지를 위해 적극적으로 환경 개선과 이벤트를 요구하기도 한다.

주토피아 내 동물들을 자신의 반려동물처럼 생각하는 고객이 많다는 것을 잘 알기에 주키퍼들은 기꺼이 고객과 동물 사이의 커뮤니케이터 역할을 자처한다. 현장을 방문한 고객들에게 주키퍼가 동물의 생태 특성을 설명하고, 그들의 마음과 행동의 의미를 전하는 '애니멀톡'은 주토피아의 인기 프로그램으로 자리 잡았다. 주토피아 카페를 통해 최소 '1일 1 포스팅'을 하기 위해서도 노력한다. 매일 에버랜드를 찾아올 수는 없지만, 마음은 늘 주토피아 동물과 함께하는 고객들을 위한 일종의 서비스이자 배려다.

에버랜드 동물원, 아시아 최초의 AZA 인증 획득

이처럼 에버랜드는 동물의 사육 환경 개선뿐만 아니라 정서적 안정과 행복까지 관리하는 한편 주키퍼의 역량을 키우기 위해 지속적으로 노력해왔다. 그 결과 2019년, 아시아 동물원 중 처음으로 국제 기준(AZA) 인증을 받았다.

AZA 인증은 미국 동물원 수족관 협회(Association of Zoos & Aquariums)에서 평가하는 세계 최고 수준의 동물원 분야 인증 제도이다. 동물복지를 바탕으로 멸종 위기종의 보전을 위한 동물원의 역할을 충실히 담당하는 최고 수준의 동물원에게만 주어지는 것으로, 운영 시스템을 비롯해 직원의 역량, 교육·연구적 기능, 고객과 사육사의 안전 등 모든 분야에서 국제적인 수준의 엄격한 기준을 통과해야 한다. 특히 인증 과정이 매우 까다로워 북미에서도 2,800여 야생 동물 기관 중 AZA 인증을 받은 곳은 10%가 채 되지 않는다. 아시아에서는 싱가포르, 홍콩의 아쿠아리움 3곳만 인증을 받은 바 있어 동물원으로서는 최초라는 점에서도 의미가 있다.

이처럼 동물의 복지와 관리에 집중하고, 진심으로 동물을 아끼고 사랑하

에버랜드는 AZA 인증을 위해 전문가 멘토링과 더불어 AZA의 동물 사육 매뉴얼과 동물기록관리 시스템을 도입하는 등 선진 동물 관리 체계를 적용하고 연구 및 교육적 시설을 확대해 동물원의 수준을 한 단계 끌어 올렸다.

는 주키퍼들, 깨끗하고 안전한 환경에서 밝고 활기차게 생활하는 동물들이 있는 곳, 주토피아를 찾는 고객들의 행복감은 여기서 기인한다. '사람과 동물이 모두 행복한' 이곳에서 고객들은 오늘도 동물이 주는 특별한 힐링을 경험한다. 주토피아가 존재 그 자체로 귀한 이유다.

에버랜드 스타 열전 ❹

인기와 사랑을 독차지한 애니멀 슈퍼스타
푸바오

용인 푸씨

2020년 7월 20일 탄생
2024년 4월 3일 중국으로 이사

- **나이** : 4세
- **몸무게** : 103kg
- **팔로워 수** : 4.6만
- **태어난 곳** : 에버랜드 판다월드
- **거주지** : 중국 쓰촨성 선슈핑 판다보호연구기지
- **가족** : 아빠 러바오, 엄마 아이바오, 여동생 루이바오, 후이바오
- **돌잡이** : 워토우
- **특이점** : 대한민국 최초 자연번식 자이언트 판다/
  기록상 세계에서 가장 눈을 빨리 뜬 판다
  (15일 만에 왼쪽, 18일 만에 오른쪽)
- **필모그라피** : 말하는동물원 뿌빠TV- 전지적 할부지 시점,
  영화 〈안녕, 할부지〉
- **굿즈** : 400여 종(판매량 330만 개)

2020년 7월, 주토피아의 팬덤을 끌어올리고 사람들을 행복에 빠뜨릴 보물 같은 존재가 탄생했다. 바로 자연번식을 통해 국내 최초로 탄생한 자이언트 판다, 푸바오다. 오늘날 103kg으로 또래 판다보다 큰 덩치를 자랑하지만, 태어날 당시에는 16.5cm, 체중 197g밖에 되지 않은 아주 작은 존재였다. 푸바오는 판다들 사이에서도 외모가 뛰어나다고 평가받는다. 그래서 얻은 별명은 '푸공주', '푸린세스'. 성격은 아빠 러바오를 많이 닮아 애교도 많고 장난기가 많은 말괄량이이다. 인기를 인지하고 주키퍼의 애정을 듬뿍 받고 자라 관람객을 향한 팬서비스도 뛰어나다. 한편, 제 뜻대로 되지 않아 화가 날 때 성질을 부리는 모습 때문에 '푸바오의 성질머리'를 줄여 '푸질머리'라고 부르기도 하는데 이 부분은 엄마 아이바오를 닮았다고 한다.

팬들 사이에서 푸바오의 입덕 포인트는 푸바오가 푸바오 할부지인 강철원 주키퍼의 팔에 팔짱을 끼고 있는 쇼트 클립(2021년 영상)과 다리에 매달려 조르는 듯한 찰거머리 푸바오 영상(2020년)이다.
코로나19 팬데믹으로 관람객이 직접 볼 수 없던 푸바오의 성장기를 뿌빠TV에 담았다. 무해한 얼굴로 느긋하게 널브러진 모습, 토라져서 바닥을 뒹구는 모습, 바오 가족 및 주키퍼들과 이루는 케미는 사람들로 하여금 푸바오에 푹 빠져들게 했다.
푸바오의 인기는 K팝 아이돌 못지않다. 인스타그램 팔로워 수가 4만 명이 넘을 정도로 많은 푸덕이(푸바오 덕후)를 끌어모았고, 국내뿐만 아니라 중국을 비롯한 전 세계에서 팬덤을 형성 중이다. 2023년 공식 유튜브 채널 영상은 인기 톱 100으로 선정됐다.
아쉽게도 푸바오는 2024년 4월 에버랜드 주토피아를 떠나 중국 판다보호연구기지로 떠났다. 중국을 제외한 국가에서 판다가 태어날 경우 만 4세 이전에 중국으로 이동해야 한다는 자이언트 판다 보호연구 협약이 있기 때문이다. 지금도 팬들은 푸바오가 중국에서 잘 생활하기를 바라며 푸바오를 그리워하고 있다.

3

정원 콘텐츠로 고객에게
힐링과 새로움을 선물하다

Voice of Customer

저는 최근 정년을 맞아 인생의 대부분을 보내던 회사에서 퇴사했습니다. 은퇴 이후 아내와 많은 시간을 함께 보내고 있는데, 그중 우리 부부가 자주 하는 일은 산책 삼아 에버랜드를 다녀오는 것입니다. 용인에 사는 우리 부부는 에버랜드의 정원에 반해 에버랜드 연간 회원권을 샀어요. 아내와 함께 매일 포시즌가든, 하늘정원길, 뮤직가든 등을 번갈아 예쁜 꽃을 보고 거닐며 사계절을 느끼고 있습니다. 봄에는 아름다운 튤립과 장미, 매화를, 여름에는 수목과 초화가 만드는 녹음을 온몸으로 만끽합니다. 매일 산책을 하며 아름다운 정원을 위해 얼마나 정성을 들였을지 체감하게 되었고, 매일 변화하는 경이로운 자연의 풍경에 감탄합니다. 은퇴 후 우울함이나 공허감이 찾아온다는 말, 저에게는 해당하지 않아요. 그 이유는 아내와 함께 대화도 나누며 행복한 시간을 보낼 수 있는 에버랜드 정원이 있기 때문이죠.

척박한 토양에
국내 최초의 장미 정원을 만들다

'자연', '정원'은 에버랜드의 상징과도 같다. 용인의 아름다운 숲과 산이 자연스럽게 스며드는 풍경은 물론, 에버랜드 안에 조성한 다양한 정원과 식물이 여타 테마파크와는 차별화된 고객 경험을 제공한다.

에버랜드에는 초창기부터 가꿔온 포시즌스가든, 장미원 외에 뮤직가든, 하늘정원길, 포레스트캠프, 분재원 등이 있다. 정원마다 테마도 다르고, 시즌별 구성도 달라진다. 이들 정원은 사계절 내내 새롭고, 다채로운 매력을 발산하는 고품질의 '쇼 가든(Show Garden)'으로, 우리나라 정원 문화를 이끌고 있다고 해도 과언이 아니다.

그중 가장 오래된 정원은 장미원이다. 에버랜드는 1976년 자연농원 오픈 당시 장미 정원의 터를 마련하고 122종 3,500여 그루의 장미를 심었다. 당초 이 땅에 장미를 심는 것은 도전에 가까웠다. 장미가 자라기엔 토질이 적합하지 않았기 때문이다.

그럼에도 국민적인 사랑을 받고 있는 장미를 한 곳에서 즐길 수 있는 정원을 만들겠다는 일념으로 척박한 환경을 개간해 정원 부지를 조성했다. 땅을 1.5m 깊이로 파서 기존의 흙을 걷어내고 장미가 잘 자랄 수 있는 새로운 흙을 배합해 채웠다. 식재 이후에는 겨울 중부지방의 영하 온도에서도 월동할 수 있도록 짚으로 한 그루 한 그루 싸매는 등 정성을 다해 돌보았다. 그 결과 장미원은 오늘날 에버랜드를 대표하는 정원이 되었다.

40년 가까운 장미 재배 및 관리 노하우를 바탕으로 육종팀을 구성, 신품종 개발에도 나섰다. '우리나라 기후에 강하고', '병충해에 잘 견딜 수 있으며', '향기가 있는' 품종을 목표로 연구를 시작했다. 무려 1만 5,000번 이상의 실험

국내 최초로 세계장미회(WFRS, World Federation of Rose Societies)가 선정한 '어워드 오브 가든 엑설런스(Award of garden excellence)'에 선정된 에버랜드 장미원

을 거듭하며 마침내 우리 기술로 만든 장미를 탄생시켰고, 지금까지 총 37종의 장미를 품종 등록했다.

그중 '퍼퓸 에버스케이프'는 2022년 일본 기후국제장미대회에서 최고상인 금상을 비롯해 4개 부문에서 수상하는 쾌거를 거뒀다. 최근에는 「퍼퓸 에버스케이프가 가진 광노화 방지 및 항산화 효과」에 대한 연구 논문이 세계적 권위의 SCIE급 학술지 『Chemical and Biological Technologies in Agriculture』에 등재되기도 했다.

또한 장미가 피부 세포 강화와 조직 재생에 도움이 되는 천연 항산화제로, 화장품 및 건강식품 재료로 많이 활용된다는 점에 착안해 에버랜드도 에버로즈를 활용한 제품을 개발하고, '퍼퓸 에버스케이프'를 비롯해 '레몬 버블', '떼떼드벨르' 등 에버랜드가 개발한 장미 중 특별히 향이 좋은 몇몇 품종을 이용해 향수, 보디로션 등의 제품을 출시했다.

한편, 장미원은 2022년 국내 최초로 세계장미회(World Federation of Rose Societies, WFRS)가 선정한 '어워드 오브 가든 엑설런스(Award of Garden Excellence)'에 이름을 올리며, 국제적으로도 그 아름다움을 인정받았다.

오랜 역사를 간직한 장미원에 스토리를 입히다

오랜 시간 공들여 가꾼 장미원은 2018년 대대적인 리뉴얼 작업 통해 새롭게 태어났다. 장미원이 가진 역사와 가치를 지키는 동시에 각각의 공간에 스토리를 입혀 의미를 부여한 것이 눈에 띄는 변화다.

장미원은 비너스원, 미로원, 빅토리아원, 큐피트원 등 총 4개의 구역으로 나뉜다. 먼저, 비너스원은 아름다움의 상징인 비너스처럼 여러 대회에서 수상한 장미들로 구성했다. 미로원은 '향기에 취해 길을 잃게 된다'는 의미를 붙여 향기가 좋은 품종들을 모아 정원을 꾸몄다. 빅토리아원은 유럽 장미원 문화의 전성기로 꼽히는 영국 빅토리아여왕 시대에 착안해 에버랜드가 개발한 '에버로즈'로 채워 '에버랜드만의 빅토리아시대'를 창조했고, 큐피트원은 사랑의 상징인 분홍색의 장미를 심어 연인들에게 로맨틱한 추억을 선물하는 공간으로 재탄생했다.

위_기후국제장미대회 최고상을 수상한 '퍼퓸 에버스케이프'
아래_2023년 3월, 상상 속 요정마을 '페어리 타운'으로 변신한 포시즌스가든. 싱그러운 **튤립**뿐만 아니라 수선화, 무스카리 등 100여 종 약 120만 송이 봄꽃들을 가득 선보였다.

에버랜드 정원,
특별한 경험의 공간

장미원과 함께 에버랜드를 대표하는 또 하나의 정원은 바로 포시즌스가든이다. 이름 그대로 사계절의 아름다움을 느낄 수 있는 공간으로 계절을 대표하는 각종 꽃과 식물이 약 1만㎡(약 3,000평) 규모의 정원을 가득 채운다. 축제를 위해 1년 전부터 계절별 콘셉트를 결정하고, 미리 농가에 시즌별로 필요한 초화를 발주한다. 재배 환경이나 트렌드로 인해 그해 원하는 소재를 구하기 어려울 수 있어 계약 재배로 대비하는 것이다.

이곳에서는 장미축제와 함께 에버랜드를 대표하는 또 하나의 꽃 축제인 튤립축제가 열린다. 올해 튤립축제 기간에는 100여 종, 약 120만 송이의 꽃이 만개해 에버랜드를 화사하게 빛냈다. 전통적으로 장미원과 포시즌스 가든이

에버랜드를 대표하는 또 하나의 봄꽃 축제인 튤립축제

에버랜드 조경의 양대 축이었다면, 뮤직가든과 하늘정원길, 포레스트캠프는 2016~2019년에 조성된 새로운 콘셉트의 정원이다.

예전 지구마을이 있던 자리에 만든 뮤직가든은 '음악이 식물의 건강에 도움이 된다'는 '소닉블룸(Sonic Bloom)' 효과에서 아이디어를 얻었다. 지름 60m의 원형 부지에 약 100종, 8,000여 그루의 교목, 관목, 초화를 나선형으로 심었고, 세계적인 클래식 명곡과 이곳을 위해 특별 제작한 뮤직가든 테마송 등이 흐른다. 160년 된 느티나무, 100년된 산수유, 보리수나무 등 명품 수목이 많은 것으로도 유명하다. 그런가 하면 하늘정원길은 중부지방에서는 가장 큰 규모의 매화 정원이다. 해발 210m 높이로 에버랜드와 주변 자연환경을 조망할 수 있는 최고의 전망대로도 꼽힌다. 하늘정원길에는 현재 총 13개 품종, 700여 그루의 매화나무와 수목, 초화가 자란다.

매화는 본래 남쪽에서 잘 자라는 수종이다. 에버랜드는 초봄, 매화가 만개한 산책로를 만들기 위해 700여 그루의 나무를 정성껏 가꾸었다. 지금도 매년 관람객들이 매화 시즌을 만끽할 수 있도록 해걸이를 방지하는 사전 열매 수확부터 전정까지 특별하게 관리한다. 특히 튤립축제가 끝난 후 제거된 구근은 이곳에 묻는다. 땅에서 휴지기를 보내고 겨울을 난 튤립 구근은 자라 다시 꽃을 피운다. 만개한 튤립이 매화나무와 어우러진 아름다운 풍경은 이곳 하늘정원길에서만 만날 수 있는 특별한 봄 선물이다.

하늘정원길을 오르다 보면 만나게 되는 분재원도 빼놓을 수 없다. 묘목을 그릇 안에 담아내는 분재 기술은 외부로 잘 알려지지 않은 에버랜드의 유산이다. 에버랜드는 초창기부터 온실에서 다양한 분재를 가꿔왔다. 하늘정원길 입구에 있는 마중뜰에서는 봄·여름, 연중 두 번 30~40기의 분재를 선별해 고객들에게 선보인다. 총 360여 기의 분재 중에는 수백 년 된 것들도 있다. 그만큼 에버랜드 분재원은 그 자체로 예술 작품이자 오래도록 보전해야 할 귀한 문화유산이다. 한편 에버랜드 인근 숲인 포레스트캠프도 자연이 주는 치유의 효과를 경험할 수 있는 곳이다. 경험혁신아카데미에서 주관하는 비타민캠프, 포레스트캠프, 리더십캠프 등의 무대로 활용되면서 최근 '힐링' 공간으로 각광받고 있다.

다양한 연령층을 아우르는 정원 문화를 꿈꾸다

이처럼 다양하고 아름다운 정원 콘텐츠를 보다 많은 고객이 즐길 수 있도록 에버랜드는 '가든패스'를 내놓았다. 5월 장미축제 기간 동안 정원만 집중적으로 관람하고 싶은 고객을 위해 만든 '시간제 특별 이용권'이다. 앞서 3월에도 하늘정원길 가든패스를 운영한 바 있다. 당시 약 1만 명의 고객이 가든패스를 이용했으며, 고객만족도 조사에서 90% 이상이 긍정적인 반응을 보여 5월에 재출시했다.

2024년 가을에 선보인 세 번째 가든패스는 '비밀의 은행나무숲 산책' 프로그램이다. 에버랜드 인근 신원리 일대에는 약 15만㎡(4만5,000평) 규모로 조성된 은행나무숲이 있다. 에버랜드가 1970년대부터 산림녹화를 위해 은행나무 약 3만 그루를 심은 이후 외부에 개방하지 않고 자연 그대로 보존해온, 국내 최대 규모의 은행나무 군락지다. 최근 트레킹 코스, 숲속 명상장 등의 자연친화적인 인프라를 정비한 이후 조용한 단독 행사 진행을 위한 기업 및 단체의 발길이 이어지며 큰 인기를 끌고 있다. 이곳을 다녀간 방문객들의 호응에 힘입어 새로운 프로그램을 마련, 일반 개인에게도 은행나무숲을 시범 공개했다.

수도권 최초의 매화 테마정원으로 조성된 하늘정원길

에버랜드 5대 정원

구분	개장	면적	특징
포시즌스가든	1976년	1만㎡	에버랜드 메인 정원 사계절의 아름다움을 엿볼 수 있는 축제
장미원	1976년	2만㎡	국내 최초의 꽃 축제 시작. 고유 품종 개발
뮤직가든	2016년	3천㎡	식물과 음악이 결합된 테마정원
하늘정원길	2019년	3만㎡	중부지역 최초의 매화 테마정원
포레스트캠프	2019년	9만㎡	힐링과 치유의 공간으로 활용되는 프라이빗 명품 숲

'비밀의 은행나무숲 산책'은 황금빛 은행나무 잎이 절정을 이룬 10월 25일부터 11월 10일까지 매주 금~일요일, 총 9일 동안 하루 3회씩 진행됐다. 참가자들은 에버랜드에서 마련한 전용 셔틀버스를 타고 은행나무숲 입구로 이동해 왕복 약 2km로 이어진 은행나무길을 천천히 걸으며 가을을 만끽했다. 울창한 숲속에 마련된 명상장에는 유튜브 '꽃바람 이박사'로 유명한 에버랜드 이준규 식물콘텐츠그룹장에게 듣는 은행나무숲 이야기를 비롯해 해먹에서의 명상, 휴식, 체험 등 다양한 '숲 치유 프로그램'이 마련돼 참가자들의 큰 호응을 얻었다.

가든패스를 구입하면 정문에 마련된 전용 게이트로 입장해 장미원, 포시즌스가든, 동물원 등 에버랜드를 원하는 시간만큼 이용할 수 있다. 1만 원부터 4만 원까지, 이용시간에 따라 요금은 차등 적용된다. 에버랜드는 올해의 성공적인 운영에 힘입어 앞으로 가든패스를 연간회원권 등으로 확대할 계획이다.

젊은 세대까지 아우를 수 있는 정원을 만들기 위한 IP 활용도 적극 도입 중이다. 2024년 산리오캐릭터즈와 협업한 튤립축제는 '페어리타운(요정마을)에 초대된 산리오 캐릭터들이 꽃과 함께 봄을 즐긴다'는 스토리텔링을 기반으로 헬로키티, 마이멜로디, 쿠로미, 시나모롤, 폼폼푸린, 포차코, 리틀트윈스타 등 7개 캐릭터를 활용했다. 페어리타운 역장이 된 폼폼푸린이 이끄는 축제기차라는 콘셉트로 포시즌스가든 기차를 운영하고, 포차코의 아이스크림 가게를 오픈해 포차코가 가장 좋아하는 바나나로 만든 아이스크림을 판매하는 등 이색적인 콘텐츠로 주목받았다.

이외에도 이준규 식물콘텐츠그룹장이 직접 식물과 관련한 다양한 정보를 제공하는 유튜브 채널 '꽃바람 이박사'를 운영 중이며, 식물에 관심이 많은 MZ 세대뿐만 아니라 실버 층과도 소통할 수 있는 창구로 네이버 카페 '에버

고객들이 아름다운 자연 환경 속에서 힐링할 수 있도록 에버랜드는 정원 인프라와 연계된 체험 프로그램을 꾸준히 확대해나갈 예정이다.

플랜토피아(Ever Plantopia)'를 개설했다.

　꽃과 나무, 풀이 어우러진 정원은 확실한 힐링 효과가 있다. 신나게 즐기는 각종 어트랙션이 스트레스를 분출시키는 역할을 한다면, 정원은 그렇게 얻은 마음의 여유 공간을 긍정의 에너지로 채워준다. 에버랜드가 식물 콘텐츠에 집중하는 이유이기도 하다. 특히 코로나 이후 자연 속에서 심리적 안정을 얻고, 건강을 회복하려는 수요가 크게 늘어남에 따라 에버랜드는 정원 인프라와 연계된 새로운 체험 프로그램을 꾸준히 개발해 고객들이 자연 속에서 힐링할 수 있는 기회를 확대해나갈 예정이다.

에버랜드 스타 열전 ⑤
'꽃바람 이박사'
이준규 식물콘텐츠그룹장

"테크노뽕짝 신바람 이박사 아닙니다.
식물전문가 꽃바람 이박사입니다."

에버랜드 주토피아에 바오 패밀리가 있다면, 플랜토피아에는 '꽃바람 이박사'가 있다. '꽃바람 이박사'는 에버랜드의 공식 유튜브 코너 이름으로, 식물 관련 콘텐츠로는 이례적으로 큰 관심을 받고 있다.
트로트 가수 신바람 이박사를 패러디한 '꽃바람 이박사'의 정체는 바로 이준규 식물콘텐츠그룹장이다. 에버랜드 정원의 총괄 책임자이자 조경학 박사인 그는 영상 속에서 레트로 감성 가득한 '이박사'로 변신해 식물과 관련한 다양한 이야기를 재미있게 들려준다.
이준규 그룹장은 영국 에식스대학교 위틀스쿨오브디자인(University of Essex, Writtle School of Design)에서 정원디자인으로 석사와 박사학위를 받은 정원 전문가다.
포시즌스 가든, 장미원, 하늘정원길, 뮤직가든 등 에버랜드 내 모든 정원을 시즌별로 다른 콘셉트와 테마로 연출하고 파크 인근 포레스트캠프, 은행나무 군락지 등을 가꾸는 책임자이기도 하다.
2021년 오픈한 '꽃바람 이박사' 시즌1이 식물 소개 및 관리, 정원의 역사 등 유익한 정보를 제공하는 콘텐츠였다면, 시즌2는 보다 친근하게 식물 정보를 제공하고자 예능적 요소를 첨가했다.
그는 어설픈 랩과 댄스로 장미축제를 홍보하기도 하고, 에버랜드 워터쇼 슈팅워터펀에서 물폭탄을 맞으며 수국을 소개하는 등 망가지는 것을 두려워하지 않으며 '열연'한다. 반면 분갈이나 전정 작업 등 식물 관리법을 소개하는 영상에서는 전문가다운 진지함과 깊이를 보여주는 '반전 매력'으로 인기를 끌고 있다.

4

지속가능 경영은
고객만족의 출발점이다

Voice of Customer

저희 아이가 발달장애를 가지고 있습니다. 매직쿠키 하우스를 보고 들어가고 싶다고 해 들어갔지만 보호자는 보호자 동선만 이용 가능하더라고요. 어쩔 수 없이 아래에서 아이가 체험하는 모습을 보고 있었어요. 예상대로 아이는 어려운 코스에서 앞으로 나가기를 두려워했고, 그 자리에서 주저앉았습니다. 뒤로 다른 아이들이 저희 아이 때문에 앞서가지도 못하는 상황에서 저 또한 눈치도 보이고 난처했는데 전은정이라는 직원분이 직접 저희 아이에게 올라가 끝까지 체험을 마칠 수 있도록 손을 잡아주었습니다. 사실 발달장애가 있는 아이랑 뭐든 함께 하기가 참 힘들어요. 심지어 부산에서 용기 내서 간 거라 많이 걱정스러웠는데, 덕분에 좋은 시간 보내고 왔습니다. 정말 감사합니다.

'헐벗은 국토를 푸른 숲'으로 바꾸고자 한
창업주의 신념

자연친화적 테마파크인 에버랜드는 모든 경영 활동이 '지속가능'과 연결된다. 1997년에 이미 서비스 업계 최초로 환경친화기업(현 녹색기업) 인증을 획득했고, 2022년에는 환경부로부터 녹색기업 재지정을 받았다. 녹색기업은 환경오염물질의 현저한 감소 및 자원과 에너지 절감 등 환경 개선에 크게 기여한 친환경 경영 사업장을 대상으로 엄격한 심사와 평가를 거쳐 환경부가 지정하는 제도로 3년마다 재지정한다. 에버랜드는 1997년 이후 꾸준히 녹색기업에 이름을 올리고 있다.

지금도 새로운 사업을 시행할 때는 환경에 미치는 영향을 최우선으로 고려하고, 지속가능한 성장과 환경 보호, 기후위기 대응을 위한 환경·에너지 방침을 세우고, 준수하기 위해 노력한다. 그중에서도 주목할 만한 것은 숲 가꾸기다.

에버랜드의 부지는 약 1,500만㎡(450만 평)에 이른다. 테마파크로 개발된 10%를 제외한 나머지는 산이다. 그동안 에버랜드는 일반인의 출입도 금한 채 이 넓은 녹지를 가꾸고 보전해왔다. 그사이 잘 자란 나무들은 울창한 숲을 이뤘다. 현재 일부 개방해 치유와 힐링 프로그램 장소로 활용하고 있는 '포레스트캠프'는 자연 생태계가 그대로 살아 있는 '프라이빗 명품 숲'으로 꼽힌다.

에버랜드의 조림 사업은 그 역사가 깊다. 창업주인 고 이병철 회장은 '헐벗은 국토를 푸른 숲으로 가꿔 후세에 남겨야 한다'는 뜻을 품고 1968년, 이 척박한 땅에 나무를 심었다. 밤나무, 사과나무, 복숭아나무, 살구나무 등의 유실수를 주로 심고, 퇴비를 공급하기 위해 양돈농장도 만들었다. 유실수 묘목 육성을 통한 조림과 양돈은 모두 성공적으로 진행돼 에버랜드 개장 첫해인

일찍부터 시작한 에버랜드의 조림사업은 척박한 땅을 울창한 숲으로 바꾸었고, 생태계 보전과 녹지 조성에 크게 기여하고 있다.

1976년에는 일본에 돼지고기를, 이듬해에는 쿠웨이트에 살구넥타를 수출하는 성과도 거뒀다.

지난 2019년에는 경기도가 주관한 '숲속 공장 조성사업'에도 참여해 7,500그루의 나무를 심었다. '사업장 주변 유휴 부지에 소나무, 삼나무, 잣나무, 전나무 등 공기정화 효과가 큰 나무를 심는 친환경적인 방법으로 공기 질을 개선하고 휴식 공간을 만든다'는 목적으로 추진된 이 사업은 2022년 종료됐지만, 에버랜드는 2023년에도 1,200그루의 나무를 더 심었다.

희귀동물 연구 및 종 보전을 위해 독일에서 들여온 황금머리사자 타마린. 암수 2마리씩 총 4마리를 도입했으며, 약 3개월간의 적응기간과 사육사와의 교감과정을 거친 후 일반에 공개했다.

멸종 위기종 보호 및 보전에 기여하다

동물원을 운영하는 에버랜드는 멸종 위기종 보호 및 보전에도 기여하고 있다. 환경부가 지정한 '서식지 외 보전기관'이기도 하다. 특히 천연기념물인 독수리, 두루미, 수리부엉이, 올빼미, 큰고니 등 8종을 특별 관리하며 지속가능한 개체군으로 만들기 위해 노력 중이다.

해마다 10월 4일 '세계 동물의 날(World Animal Day)'에는 고객들을 대상으로 종보전 캠페인도 연다. '세계 동물의 날'은 1931년, 동물의 유대감을 강화하고 멸종 위기에 처한 동물을 보호하자는 취지로 제정됐다.

한국호랑이 종 보존을 위해서도 애쓰고 있다. 한국호랑이는 전 세계적으로 500마리 정도만 남아 있는 것으로 추정되는 멸종 위기 1급 동물이다. 이를 위해 타이거밸리 옆에 호랑이 보전 교육장을 설치하고 관람객들에게 멸종위기 동물 보호의 중요성을 알리고 있다.

2021년 국립백두대간수목원과 동·식물 교류 및 연구 협약을 체결하며 환경 보전을 위한 민·관 협력에도 나섰다. 이에 따라 에버랜드에서 살고 있는 한국호랑이 범궁(태범, 무궁) 남매가 백두대간수목원 내에 있는 '백두산호랑이보존센터'로 유학을 떠났고 양 기관이 2년에 걸쳐 호랑이 생태를 공동 연구했다. 이후 적응 과정을 거쳐 범궁 남매는 지난해 '백두산호랑이보존센터'로 영구 무상 이전됐다.

이와 함께 지난 20년간 개체수가 80% 이상 급감해 세계자연보전연맹(IUCN)이 정한 멸종위기동물목록(Red List)에서도 '심각한 위기종(CR)'으로 분류된 '흑백목도리여우원숭이'를 보호하고 있는가 하면, 황금머리사자 타마린, 치타, 기린 등 세계적인 멸종 위기 동물의 출생도 잇따르고 있다. 에버랜드는 이 같은 동물관리 전문성과 번식 노하우를 바탕으로 희귀동물 연구 및 종 보전 활동을 더욱 강화해나갈 계획이다.

이외에도 미국수족관동물원협회의 종생존계획(SSP, Species Survival Plan) 및 세계동물원수족관협회의 글로벌종관리계획(GSMP, Global Species Management Plans)에 참여하는 등 생물다양성 보호를 위해 노력하고 있다.

자연친화적 체험 교육 프로그램을 제공하다

환경 문제에 대한 인식과 체화에 가장 중요한 것은 교육과 체험이다. 이를 위해 에버랜드는 고객 대상 자연친화적 체험 서비스를 지속적으로 확대하는 한편, 친환경 서비스를 다각화하고 있다.

그중에서도 동물원 내 알버트 스페이스 센터에 마련된 모바일 인터랙티브 게임은 AR(증강현실) 기술이 구현된 디지털 콘텐츠로 지구 환경 및 동물 보호의 중요성을 배워보는 이색 체험 교육 프로그램이다. 알버트 스페이스 센터는 오랑우탄, 침팬지, 흰손긴팔원숭이 등 유인원과 원숭이가 모여 사는 에버랜드 몽키밸리 지역을 우주 과학기지 테마로 새롭게 꾸민 공간으로, 1948년 우주선에 최초로 탑승한 원숭이 '알버트'에서 이름을 따왔다.

게임을 시작하면 지구 환경과 동물 보호의 메시지가 담긴 인트로 영상이 나오고, 알버트의 안내에 따라 퍼즐 맞추기, 분리수거, 퀴즈 등 총 7가지의 미션이 주어진다. 기후 변화, 환경 오염으로 고통받고 있는 동물들에 대해 생각해보고, 에너지 절약, 탄소 절감, 자원 재활용 등 환경 보호를 위한 생활 속 실천 방법을 재미있게 배울 수 있다.

해양동물들의 생태 정보와 해양 환경 보호에 대해 자세히 알아보는 생태설명회 '씨라이언 빌리지 애니멀톡'도 있다. 사육사의 설명과 함께 바다사자, 물범 등 해양동물들의 자연스러운 움직임을 가까이서 관찰하며 생김새나 특징을 배우고, 환경 보호의 중요성에 대해 생각해보는 생태 교육 프로그램이다.

어린이들이 '살아 있는 자연학습장' 에버랜드를 누비며 오감 생태 체험을 할 수 있는 동물·식물사랑단도 운영했다. 특히 식물사랑단 교육 과정은 프로그램의 친환경성, 우수성, 안전성 등을 인정받아 지난 2015년 환경부로부터 '환경교육 프로그램' 인증을 받았다. 지금은 경험혁신아카데미가 '이큐브스쿨'로 발전시켜 운영 중이다.

반딧불이의 환상적인 불빛 비행을 감상할 수 있는 '반딧불이 체험'도 화제다. 도시에서는 찾기 어려운, 청정환경지표 곤충인 반딧불이가 매일 약 1만 마리씩 눈앞에서 반짝반짝 빛을 내는 장관이 펼쳐진다. 국내 최대 규모로, 오직

위_2023년 고객만족도 99점을 기록할 정도로 큰 인기를 끌었던 '한여름밤의 반딧불이 축제'
아래_에버랜드는 평소 자연과 접촉할 기회가 많지 않은 어린이들이 살아 있는 동물과 식물을 직접 보고 만지고 느끼며 환경 보호와 자연 사랑의 마음까지 기를 수 있도록 '동·식물 사랑단'을 운영해왔다. 지금은 '이큐브스쿨'로 바뀌었다.

여름에만 경험할 수 있다.

흔히 볼 수 없다는 희소성이 더해지면서 2022년 진행한 반딧불이 체험에는 약 2만2,000명이 참여했다. 고객만족도 조사에서 99점을 기록했는가 하면, N차 방문이 이어질 정도로 큰 인기를 끌었다.

한편 동물원에서는 2022년 기준 총 166만4,837명의 관람객이 9개 프로그램(물개 애니멀톡, 애니멀원더스테이지 애니멀톡, 판타스틱 윙스, 동물사랑단, 키즈동물사랑단, 로스트밸리 생생체험, 반딧불이 체험, 나비 전시, 알버트 스페이스 센터)에 참가해 기후변화 관련 교육을 받았다.

이는 전체 에버랜드 입장객의 약 28.9%에 해당하는 수치다. 에버랜드 동물원이 종 다양성 보전 차원에서 운영되는 만큼 기후변화가 동물 생태계에 미치는 영향과 온실가스 감축 캠페인의 필요성에 대한 교육을 제공한 것이다. 특히 알버트 스페이스 센터의 관람객은 70% 이상이 어린이 고객이다. 이들에게 기후행동의 중요성을 이해시키고, 온실가스 감축 활동이 어릴 때부터 일상화될 수 있는 기회를 제공했다는 점에서 의미가 있다.

환경에 미칠 영향을
가장 먼저 생각하다

동·식물 보전 노력 외에도 환경에 대한 기업의 책임을 다하기 위해 에버랜드는 다양한 분야에서 친환경을 실천하고 있다. 우선, 자체 오폐수 처리장을 운영하며 수질오염을 최소화하고 있다. 하천으로 보내지는 방류수의 수질을 실시간 모니터링하는 한편, 하천에 오염물질이 유입되지 않도록 육안 점검도 매일 실시한다. 2023년에는 오·폐수 처리시설의 공정 효율 개선을 위한 컨설팅을 실시하는 등 관리수준을 최적화하기 위한 노력도 게을리 하지 않는다.

용수 사용량 감축을 위해 오·폐수를 처리해 법적 수질 기준에 맞춰 재활용하고 있으며, 2023년 약 120만 톤을 조경 관리 및 화장실 용수 등으로 재활용했다. 이를 위해 오수처리장의 처리 공정을 거쳐 하천으로 방류되는 물을 정화해 중수를 생산하고, 생산된 중수는 매일 사용량을 집계해 모니터링한다.

또한 사업 운영과정에서 발생되는 오염물질, 폐기물 등을 최소화하기 위해 엄격한 내부 기준과 저감 계획을 수립하고 있다. 이에 따라 오폐수 처리장, 정수장, 캐리비안베이 수처리실 등 에버랜드가 운영 중인 환경시설에서 발생할 수 있는 약품 유출을 대비해 시나리오를 설정하고, 연 1회 유관부서와 합동으로 비상 훈련을 실시한다. 2020년에는 유해화학물질 영업허가를 반납했으며, 모든 작업자들은 인체 위험성이 낮은 화학물질만 사용하고 있다.

수질 오염도 법적 허용 기준 대비 강화된 사내 기준으로 폐수 처리 관리지침을 수립해 운영한다. 주요 수질 오염 물질인 TOC(총 유기탄소), BOD(생물화학적 산소요구량), SS(부유물질량) 등은 법적 기준 대비 50% 수준으로 맞췄다.

이처럼 지속가능에 초점을 맞춘 경영활동은 에버랜드가 초창기부터 지켜온 신념이자 철학이다. 국민의 휴식과 여가를 책임지는 대표 기업으로서 숲을 가꾸고, 멸종 위기종을 보호하고, 미래 세대를 교육하며 사회적 책임을 다하는 일은 고객만족 경영의 연장선상에 있다. 에버랜드는 앞으로도 환경을 위해, 인류를 위해 보다 유익한 방향을 고민하며 고객의 가치와 기대를 만족시키는 프로그램을 지속적으로 개발하고 추진할 계획이다.

APPENDIX

KCSI 최장기 연속 1위의 의미

고객만족 여정 약사(略史)

숫자로 보는 에버랜드 이야기

한국 테마파크의 대명사
에버랜드는 고객에게 행복한
경험과 휴식을 제공하기 위해
끊임없이 노력한 결과
서비스 명문 기업으로 우뚝 섰다.
정상의 자리에 오르기까지
쉼 없이 달려온 혁신의 여정을
정리해 소개한다.

1976년 자연농원 개장 당시 전경

KCSI
최장기 연속 1위의
의미

우리나라 산업에서 본격적으로 고객만족 경영이라는 용어가 사용된 것은 1990년대 초반의 일이다. 이전까지의 시장이 생산자 중심이었다면, 1990년대 들어 소비자가 주도권을 갖는 선진국형 산업구조로 바뀌기 시작했다.

이처럼 시장의 변화가 급물살을 타기 시작할 무렵인 1992년, 한국능률협회컨설팅(KMAC)에서는 가전제품을 비롯한 12개 주요 산업을 대상으로 '한국산업의 고객만족도(KCSI : Korean Customer Satisfaction Index)'를 조사해 그 결과를 주요 언론을 통해 공표했다. 당시만 해도 고객만족도라는 이름으로 수행되는 조사가 없었다. 따라서 KCSI 조사는 매우 혁신적인 평가 도구로 주목받았다.

KCSI란 국내 산업별 상품 및 서비스에 대한 고객의 만족 정도를 나타내는 지수로, 각 조사대상 기업의 미래 성장 가능성을 보여주는 질적인 지표이다. 한국능률협회컨설팅(KMAC)가 한국산업의 특성에 맞춰 개발한 한국형 고객만족도 측정 모델이며, 국내에서 가장 오랜 역사와 공신력을 인정받고 있는 대표적 고객만족 지수이다.

KCSI는 경제성장의 양적 성장을 평가하는 GNP, GDP 등 생산성 지표와는 달리 국가산업 경제의 질적 성장을 평가하는 지표이다. KCSI 조사 결과는 매년 우리나라 경제사회에 공표됨으로써 각 산업 및 기업의 현 위치를 확인하고 향후 관련 산업 및 기업의 경쟁력 향상을 위한 기초 자료로 활용된다.

고객만족도 조사의 확산,
고객만족의 중요성을 일깨우다

한국능률협회컨설팅(KMAC)가 기획하고 주관한 KCSI 조사는 당시 일본이나 미국에서 도입하기 시작한 CS개념을 벤치마킹해 국내 상황에 맞는 조사모델로 만든 것이다. 국가 산업 전체에 대한 접근이라는 측면에서 보면 미국의 'ACSI(American Customer Satisfaction Index)' 조사보다 2년이나 앞서는 것으로, 당시로서는 매우 획기적인 일이었다.

KCSI 조사 결과가 발표되면서 국내의 대표적인 기업들이 고객만족도 조사에 관심을 보이기 시작했고, 고객만족의 중요성을 인식하는 계기가 됐다. 삼성그룹은 이건희 회장의 '질(質)경영' 선포와 아울러 전 계열사가 1994년 초 삼성경제연구소 주관으로 고객만족도를 조사해 그 결과를 질(質)경영의 성과지표로 삼기 시작했다.

특히 KCSI 조사를 통해 산업별 1위 기업을 발표하기 시작한 1994년 이후로는 고객만족도 조사의 개념이 산업계에 널리 퍼져 지금은 시장조사의 40% 이상이 고객만족도 조사와 모니터링으로 이루어질 정도로 자리 잡았다.

KCSI 조사 모델

세부 요소별 만족도
- 상품
- 서비스
- 이미지

측정 항목별 가중치

요소 종합 만족도 (고객경험품질) 50%

KCSI

전반적 만족도 30%

재구입(이용) 의향 20%

| 1 | 2 | 3 | 4 | 5 | 6 | 7 |
| 매우 불만 | | | 보통 | | | 매우 만족 |

Top 2 문항별 Top 2 비율을 지수화

고객인지품질, 관리요소로 자리잡다

KCSI 조사가 처음 실시된 1992년에는 12개 산업이 평가 대상이었다. 하지만 지금의 KCSI 모델로 확정된 1996년에 15개 산업을 조사한 이래 매년 평가 대상 산업 수를 확대하여 1997년에 44개, 1999년에 74개, 2002년에는 100개 산업에 이르렀고, 2022년에는 118개 산업을 발표한 바 있다.

내구재 제조업, 소비재 제조업, 일반 서비스업, 공공 서비스업 등 국내 전 산업에 걸쳐 조사를 진행하고 있으며, 우리나라 산업의 질적 성장을 유도하고 각 기업들이 경쟁력을 확보하는 데 기초 자료로 활용할 수 있도록 매년 지원하고 있다.

KCSI 조사 모델 및 지수

KCSI는 전반적 만족도 30%, 요소만족도(산업별 특성 고려한 문항으로 구성) 50%, 재이용(구입) 의향률 20%를 반영하고 있다. 각 항목은 7점 척도이며 6점과 7점 응답자의 비율(Top 2%)을 지수화하고 있다.

KCSI 평가는 기업 성장의 주요 선행 요소인 고객경험(CX)과 고객만족(CS), 고객로열티(Royalty) 간의 인과관계 설명이 가능하도록 측정 모델이 구조화되어 있다.

KCSI 성과와 의의

KCSI 조사는 30년 이상 진행되면서 모든 산업에서 서비스 및 제품이 질적으로 향상될 수 있는 계기를 마련했다. 특히 서비스산업에서의 질적 향상과 공공·행정 부문의 서비스 혁신은 주목할 만한 성과다. 물론, 이러한 결과는 산업사회가 성장하는 과정에서 나타난 현상이기도 하겠지만 KCSI와 같이 산업의 질적 성장 정도를 평가하는 도구가 있었기에 더더욱 큰 성과를 거둘 수 있었다. 또한 KCSI를 기반으로 한 PCSI 조사를 통해 전 공공 분야의 고객만족도를 매년 측정해 공공 분야의 고객만족도를 상승시켜온 것도 큰 성과라 할 수 있다.

결론적으로 KCSI 조사는 단순히 그 결과 발표에 의의를 두는 것을 넘어 각 기업들의 고객만족 경영을 선도한 지표 역할을 충실히 수행해왔다. 과거 CS경영이 많은 변화를 거쳐 발전해왔듯이 다가올 미래에는 더 많은 변화가 있을 것으로 예상됨에 따라 KCSI는 앞으로도 고객중심 경영의 중요성을 전파하고 국내 산업의 글로벌 경쟁력을 갖추기 위한 지원을 아끼지 않을 것이다. 최근 각광받고 있는 CX(Customer eXperience)를 비롯해 ESG(Environment, Social, Governance) 등과 연계된 제품과 서비스 영역에도 지속적으로 확대해 고객의 의견을 적극 수렴할 예정이다.

서비스업 전체 및 삼성그룹 내 최장기 1위

에버랜드는 종합레저시설 부문 조사를 시작한 1995년 이후 30년 동안 한 번도 1위를 놓치지 않았다. 30년 연속 1위는 KCSI 조사 대상인 60여 개 서비스산업 및 이에 속하는 220개가 넘는 기업 중 최초에 해당하는 기록이다. 제조업의 현대자동차와 함께 최장기 KCSI 연속 1위 기록을 보유하며 국내 대표 글로벌 서비스 기업으로서의 위상을 굳건히 하고 있다.

30년 연속 1위를 지켜오는 동안 에버랜드의 KCSI 점수는 조사 초반에는 다소의 등락이 있었다. 하지만 자연농원에서 에버랜드로 사명을 바꾼 이후인 1997년부터 만족도가 대폭 상승, 전체 산업 및 서비스업 전체 만족도를 월등히 능가했다. 70점을 달성한 2010년 이후에는 안정적으로 상승, 2024년에는 88.9점을 기록하며 전체 지수 및 서비스업 지수와 다시 격차를 넓혀가고 있다.

한편 에버랜드가 속한 삼성그룹 내 여러 계열사들도 일반 고객을 대상으로 활발한 활동을 펼치면서 KCSI 조사 대상에 올라 있는데, 그중에서도 에버랜드는 가장 오랫동안 가장 많은 고객의 만족을 받아왔다.

국내뿐 아니라 글로벌에서도 리더 자리를 지키고 있는 삼성전자의 다양한 가전 품목을 비롯, 금융의 삼성생명, 삼성화재, 삼성증권, 그리고 대표적 종합병원인 삼성서울병원의 1위 횟수를 앞지르는 기록을 보여 고객지향도가 높은 삼성그룹에서도 에버랜드는 전체적인 고객만족 수준을 견인하며 그룹 이미지를 제고하는 것으로 나타났다.

KCSI 전체 지수 및 에버랜드 지수 추이

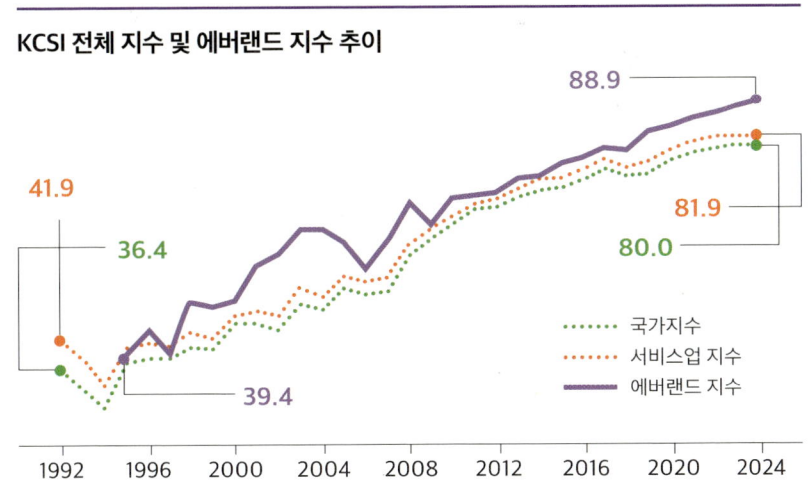

고객만족 여정 약사 略史

- **2024** — KCSI 30년 연속 1위 달성
- **2023**
  - 에버랜드 통합 멤버십
  - '솜사탕' 출시
  - 국내 최초 쌍둥이 아기 판다 탄생
- **2022**
  - 에버랜드 장미, 일본 기후 국제장미대회 금상·특별상 등 4개 부문 수상
  - 에버랜드 장미원, 세계장미회 선정 '최우수 장미원'
- **2021**
  - 멸종위기 한국호랑이 5마리 자연번식 성공
  - 에버랜드 사파리 리뉴얼 트램 도입
  - 푸바오 일반 공개
- **2020**
  - 스마트 줄서기 오픈
  - 포레스트캠프 본격 공개
  - 국내 최초 자이언트판다 자연번식 성공
- **2019**
  - 미국 동물원수족관협회, 에버랜드 동물원 아시아 최초 AZA 인증
  - 하늘매화길 오픈
- **2018**
  - 판다월드 입장객 500만 명 돌파
  - 타이거밸리 오픈
  - 상해 꽃박람회 대상 수상
- **2017**
  - 로스트밸리 최단 기간 1,000만 명 돌파
  - 로봇 VR 오픈
- **2016**
  - 우주관람차 VR, 뮤직가든, 에버랜드 개장 40주년
  - 판다월드 오픈
- **2015** — 썬더폴스, 메가스톰, 캐릭토리엄 오픈
- **2014**
  - 한국능률협회컨설팅, 한국에서 가장 일하기 좋은 기업 3위 선정
  - KCSI 20년 연속 1위
- **2013**
  - 에버랜드 기린 장순이 세계 1위 다산 기록 달성
  - 누적 입장객 2억 명 돌파
  - 로스트밸리 오픈
- **2012**
  - 스카이 크루즈, 키즈커버리 오픈
  - 뮤지컬 마다가스카 오픈
- **2011**
  - 3D 상영관 '뽀로로 어드벤처', 캐리비안베이 '아루아루프' 오픈
  - 회사 공식 소셜미디어(트위터, 페이스북, 블로그) 오픈
- **2010** — 우수 에너지절약기업 지식경제부 장관 표창 수상

2009
- 멀티미디어 쇼 '드림 오브 라이언' 오픈
- 세계 최초 '백호 사파리' 오픈

2007
- 세계조경가대회, '어워드 오브 엑설런스(Awards of Excellence)' 수상
- 몽키밸리 오픈

2005
- IAAPA 퍼레이드 부문 '빅이 어워즈(Big E Awards)' 수상
- 이솝빌리지, 애니멀 원더월드 오픈

2003
- 환경보전공로 대통령표창 수상
- 한국능률협회컨설팅 선정, 대한민국 기업이미지 대상 1위 기업

2001
- 에버랜드, 미국 어뮤즈먼트 비즈니스지 선정 '세계 6대 놀이공원'
- 누적 입장객 1억 명 돌파

1996
- 세계 최초 실내외 워터파크 '캐리비안베이' 개장
- 자연농원에서 에버랜드로 브랜드명 변경

1985
- 장미축제(야간개장) 개시

2008
- 캐리비안베이, IAAPA 'Must-See Waterpark Awards' 수상
- 대한민국 녹색경영대상 지속 부문 5년 연속 대상 수상, 명예의 전당 헌액
- 캐리비안베이, 와일드리버 개장
- 국내 최초 우든 코스터 티익스프레스(T-express) 오픈

2006
- 미국 포브스지 선정 '세계 4위 테마파크'

2004
- 한국환경복원녹화기술학회 기술상

1999
- IAAPA 안전대상/서비스교육 부문 특별상 수상
- 세계 테마파크 최초 ISO9002, 14001 인증 동시 획득
- CS 인증마크 국내 1호 등록

1994
- 서비스아카데미 개원

1993
- 모터파크(현 스피드웨이) 오픈

1976
- 자연농원 개장

숫자로 보는 에버랜드 이야기

715만

2023년 에버랜드 방문객 수

에버랜드 방문객은 개장 이후 꾸준히 증가해 2019년에 793만 명을 기록했다. 하지만 코로나19로 2020년, 2021년 급감했다가 2022년부터 증가세로 돌아서 지난해 다시 700만 명을 넘겼다.

27,400만
2023년 기준 누적방문객

500만

'쏨사탕' 멤버십 회원

2023년 11월 출시한 통합 멤버십 프로그램 '쏨사탕'의 누적 회원 수가 8개월 만에 500만 명(2024년 7월 기준)을 돌파했다. 이는 우리나라 인구 10명 중 한 명이 가입한 셈으로, 에버랜드와 같은 대형 레저시설에서 멤버십 회원 500만 명을 돌파한 것은 이번이 처음이다.

5억 뷰

유튜브 채널 '에버랜드(@withEverland)' 누적 조회 수

에버랜드 공식 유튜브 채널이 테마파크 업계 최초로 누적 조회 수 5억 뷰(2024년 2월 기준)를 돌파했다. 2019년 9월 1억 뷰, 2023년 5월 3억 뷰를 달성한 데 이어 2024년 2월 5억 뷰를 넘어섰다. 3억 뷰 이후 불과 9개월 만에 2억 뷰가 늘어날 만큼 가파르게 증가했다. 126만여 명의 구독자와 2,700여 개의 영상 (2024년 2월 기준)을 통해 활발하게 소통하고 있다.

250만

에버랜드의 유튜브 구독자 수

레저업계 최초로 에버랜드의 유튜브 채널 구독자 수가 250만 명(2024년 5월 기준)을 돌파했다.
에버랜드 유튜브는 동물과의 교감이 주는 공감과 힐링, 재미있는 볼거리, 유익한 정보성 등이 인기 요인으로 꼽힌다.

APPENDIX

4위

포브스지 선정, 에버랜드 세계 테마파크 순위

개장 30주년을 맞은 2006년, 미국 포브스지로부터 '세계 4위 테마파크'로 선정되는 쾌거를 거뒀다. 전 세계 10개국의 테마파크 중 누적 입장객 수를 기준으로 순위를 매긴 것으로, 디즈니 계열을 제외하면 가장 인기 있는 파크로 이름을 올렸다.

ISO 45001

테마파크·골프업계 최초 국제 안전보건 경영시스템 인증 획득

에버랜드는 2019년, 테마파크와 골프업계에서는 처음으로 'ISO 45001(국제 안전보건 경영시스템)' 인증을 획득했다. 국제표준화기구(ISO)가 제정한 안전보건 관련 최고 수준의 국제 인증으로, 에버랜드는 테마파크 업계 최초로 안전·보건(ISO 45001), 환경(ISO 14001), 에너지(ISO 50001) 분야에 대한 국제 인증 3개를 모두 보유하고 있다.

2명

일일 에버랜드 최저 입장객 수

1977년 1월 20일, 경기 지역의 기온이 영하 14도까지 떨어지고 폭설이 내린 상황에서 노부부가 찾아왔다. 에버랜드는 속초에서 기차와 버스를 갈아타며 오후가 되어서야 도착한 노부부를 위해 조기 마감 결정을 철회하고, 모든 시설을 정상적으로 운영했다.

1만 명

비타민캠프 10년간 수료자

에버랜드가 2014년 시작한 근로자 감정관리 전문과정인 비타민캠프는 그동안 1만 명이 수료했다. 첫해 300여 명을 시작으로 지난해 가장 많은 2,000여 명이 교육에 참여하며 누적 수료생 1만 명을 돌파했다.

15명

에버랜드 최초의 외국인 단체 여행객 수

1983년 5월, 우리나라에 불시착한 중국 민항기 승객 15명이 초청 방문 형식으로 자연농원을 찾아 즐거운 시간을 보냈다.

52명

에버랜드 최초 단체 여행객 수

개장 첫해인 1976년 부산의 한 산악회원 52명이 자연농원을 찾았다.

1,000만 뷰

넷플릭스 팝업 '블러드시티' 영상 조회 수

에버랜드가 넷플릭스와 함께 만든 블러드시티는 약 1만㎡의 야외 공간에 영화 세트장을 방불케 하는 압도적 규모로 연출해 고객들의 큰 호응을 얻었다. 뛰어난 몰입감으로 입소문을 타 1,000만 뷰(2024년 9월 기준)를 돌파하며 온라인을 뜨겁게 달궜다.

■ 역대 에버랜드 협업 IP 라인업

2024
- 라이즈와 컬래버 프로젝트 EVER RIIZE
- 넷플릭스 OTT 콘텐츠와 함께하는 블러드시티 8
- 산리오캐릭터즈와 함께하는 튤립축제
- 글로벌 완구 브랜드 해즈브로와 협업한 슈팅워터펀 시즌2

2023
- 넷플릭스 오리지널 <오징어게임> 채경선 미술감독과 협업한 블러드시티7
- 한국콘텐츠진흥원 & 문화체육관광부와 함께하는 2023 게임문화축제

2022
- 넷플릭스 오리지널 <오징어게임> 채경선 미술감독과 협업한 블러드시티6
- SM 협업 프로젝트 EVER SMTOWN
- BTS 오버 더 유니버스 (Over the Universe)
- 이슬로 작가와 협업한 튤립축제(튤립파워가든)

20mm

재방문권 제공 기준 강수량

방문일 기준 영업시간 중에 실제 강수량이 20mm(수원 유인관측소 정보 기준)를 초과할 경우, 재방문권을 제공한다. '솜사탕' 정회원에 반드시 가입돼 있어야 하며, 모바일앱 쿠폰함으로 15일 이내 자동 지급된다.

77도

티익스프레스 낙하각도

티익스프레스(T-express)는 바퀴와 레일을 제외한 모든 시설이 나무로 만들어진 우든코스터(Wooden Coaster)로, 약 3분간의 탑승 시간 동안 최고 시속 104km로 질주한다. 최고 높이 56m에서 77도 각도로 떨어지는 등 총 12번의 무중력 상태를 경험할 수 있다.

15초

튤립 NFT 완판까지 걸린 시간

2022년 4월, 에버랜드 튤립 캐릭터 '튤리'를 테마로 전문 작가와 에버랜드 디자이너들이 직접 제작한 '튤립 NFT'를 판매했다. 11종의 NFT를 작품별로 30개씩 총 330개를 발행, 총 4일간 하루 60~90개씩 순차 판매했는데 매일 판매 개시 15초 만에 완판되며 큰 인기를 끌었다.

로스트밸리 탐험 차량 이동 거리

지난 2013년 오픈한 로스트밸리는 에버랜드의 대표적인 사파리 시설이다. 10주년을 맞은 2023년 집계한 로스트밸리 누적 이용객은 약 1,800만 명이었다. 로스트밸리를 순환하는 탐험 차량이 고객들을 태우고 이동한 총 거리도 47만km에 달한다. 이는 지구를 12바퀴 돌거나 서울~부산을 580회 이상 왕복할 수 있는 거리다.

7월

바오패밀리 생일 달

7월은 푸바오뿐만 아니라 엄마인 아이바오, 아빠 러바오의 생일이 모두 모여 있는 특별한 달이다. 판다는 생태 특성상 가임기가 1년에 단 한 번 1~3일에 불과해 통상 봄철 3~4월경 짝짓기에 성공하면 약 4개월 간의 임신기간을 거쳐 7~8월경 출산한다. 때문에 지구상에 있는 대부분의 판다 생일은 이 기간에 모여 있다.

1985년
장미축제 시작

우리나라에서는 처음 시작한 꽃 축제로, 전국 꽃 축제의 효시가 되었다. 당시 함께 시작한 야간 개장은 통행 금지가 풀렸지만 마땅히 누릴 문화가 없던 시절, 건전한 문화 공간의 역할을 담당했다.

300만 송이
2024 장미축제에 선보인 장미 수

올해 에버랜드 장미축제에서는 720품종 300만 송이의 화려한 장미가 고객들과 만났다. 이와 함께 에버로즈 컬렉션존, 오디오 도슨트, 거품 체험 등 장미를 활용한 다채로운 콘텐츠를 선보여 봄나들이 장소로 각광받았다.

37종
에버랜드가 개발해 품종 등록한 장미

에버랜드는 자체적으로 장미 품종을 개발, 2016년 첫 품종을 선보인 이래 지금까지 총 37종의 장미를 등록 완료했다. 우리나라 기후와 땅에서도 잘 자랄 수 있고, 병충해에 강하며 향이 좋은 것이 특징이다.

100만

튤립 축제에 사용되는 튤립 구근

에버랜드의 대표적인 봄꽃 축제인 튤립 축제를 위해 해마다 네덜란드에서 들여오는 구근은 무려 100만 개에 달한다. 꽃 품종도 100가지가 넘는다. 축제는 봄이지만, 이미 1년 전부터 준비가 시작된다. 올해 고객들과 만난 튤립은 작년에 심은 구근이 피워낸 꽃이다.

700년

분재원의 최고령 주목나무

명품 분재가 가득한 에버랜드 분재원에서 가장 오래된 작품은 700년 된 주목나무다. '살아서 천년 죽어서 천년'이라는 주목의 수식어처럼, 여전히 듬직한 자태를 뽐내며 분재원을 지키고 있다.

160년

뮤직가든 느티나무의 나이

옛 지구마을이 있던 자리에 조성한 뮤직가든에는 수령 160년의 느티나무가 있다. '하모니트리'라 이름 붙은 이 고목은 늘 그 자리에서 넉넉한 기운으로 방문객을 품어준다.

5 쌍둥이
자연번식으로 태어난 한국호랑이

2021년 6월 엄마 건곤이와 아빠 태호 사이에서 암컷 3마리, 수컷 2마리가 탄생했다. 멸종위기 1급인 한국호랑이는 보통 한 번에 2~3마리 정도 출산하는 것으로 알려져 있어 오남매가 한번에 태어난 것은 세계적으로도 매우 희귀한 사례다.

5:5
사자와 호랑이의 피를 반반 물려받은 라이거의 탄생

1989년, 용인자연농원(에버랜드의 전신)에서 3마리의 라이거가 태어났다. 라이언(사자)과 타이거(호랑이) 사이에서 태어난 우리나라의 최초 라이거다. 사자와 호랑이의 교배는 자연 상태에선 절대 일어나지 않지만, 사자 '용식'이와 호랑이 '호영'이는 어릴 때부터 같은 우리에서 함께 자라며 서로를 극진히 챙겼다. 그동안 에버랜드에서는 총 17마리의 라이거가 탄생했다. 마지막 라이거 크리스가 2020년 숨진 뒤로는 더이상 에버랜드에서 라이거를 만날 수 없다.

18마리
세계 최다 출산 기린, 장순이

에버랜드 스타 동물 중 하나인 기린 '장순이'는 1990년 첫 출산 이후, 2013년까지 총 18마리 새끼를 낳았다. 이는 기린 중 세계 최다 출산 기록으로, 전 세계 동물원에 살고 있는 동물 개체에 대한 정보를 관리하는 국제 종 정보시스템(ISIS)에도 등재됐다.

2회

치타 번식 성공

에버랜드는 지난 2015년 국내 최초로 치타 자연번식에 성공해 화제를 모은 바 있으며 3년 만에 두 번째 번식에도 성공, 쌍둥이 남매를 얻는 경사가 이어졌다.

치타는 야생에 7,500여 마리만 남아 있는 희귀 동물로 멸종위기 야생동물 보호협약인 CITES(Convention on International Trade in Endangered Species of Wild Flora and Fauna)에서도 최상급인 '부속서 1종'으로 지정됐다. 치타는 매우 민감한 성격에 가임 기간도 1년에 1~2일밖에 되지 않아 번식이 어려운 것으로 유명하다.

201-2호

천연기념물 큰고니 세 쌍둥이 방사

2023년 천연기념물인 큰고니 부부가 두 번째 자연번식으로 네 쌍둥이를 낳았다. 이 가운데 건강이 좋지 않은 한 마리를 제외한 세 쌍둥이의 방사를 위해 에버랜드는 2024년 6월 낙동강하구에코센터, 조류생태환경연구소와 손잡고 이들의 야생 방사 프로젝트를 준비하고 있다.

1st

서비스 업계 최초 6시그마 도입

에버랜드는 2000년, 제조업에 주로 적용되던 6시그마를 서비스 업계 최초로 도입했다. 에버랜드의 노력을 바탕으로 서비스형 6시그마가 탄생, 성공적인 서비스 개선 모델로 발전했다.

9만㎡

포레스트캠프 면적

포레스트캠프는 에버랜드가 지난 반세기 동안 향수산 일대에 가꿔온 명품 숲 '더 숲 신원리(용인 포곡읍 신원리)'의 트레킹 코스가 시작되는 지점으로, 에코파크 개념과 연계된 약 9만㎡(2만7,000평) 규모의 자연 생태 체험장이다. 에버랜드는 이 천혜의 환경을 이용한 다양한 힐링 프로그램을 운영 중이다.

EPILOGUE

　1976년, 국내 최초의 가족공원으로 문을 연 자연농원은 당시 매우 혁신적인 놀이문화 공간이었다. 창립 20주년을 맞은 1996년에는 자연농원에서 에버랜드로 이름을 바꾸었고, 이후 발전을 거듭하며 우리나라의 레저 및 여가 문화를 세계적인 수준으로 끌어올렸다. 그 배경에는 철저한 서비스를 바탕으로 한 고객만족경영이 있었다.

　에버랜드는 늘 고객을 최상의 가치에 두었고, '고객의 행복'이라는 지향점은 지금도 변함이 없다. 고객에게 초점을 맞추면, 변화를 읽고 대처하는 능력이 탁월해진다. 최근의 고객만족이 경험을 중시하는 시대로 변화함에 따라 에버랜드가 새로운 콘텐츠를 강화하는 방향으로 나아가고 있는 것도 같은 맥락이다. 특히 온라인 경험과 IT 기술을 결합한 콘텐츠를 속속 선보이며 고객들이 비대면으로도 에버랜드를 즐길 수 있는 채널을 신설하거나 강화했다. 고객이 기대하는 비일상적인 경험과 영감, 힐링을 제공하기 위해 동물과 식물, 어트랙션에 IT와 문화를 결합시킨 'IT 파크'로의 변화도 주목할 만하다.

　고객 경험 혁신을 위해 경쟁력 있는 내·외부 IP를 활용한 체험 요소도 강화하고 있다. 바오패밀리 등 자체 콘텐츠에 대한 체험 요소를 확대하는 것은 물론 SM엔터테인먼트, 산리오 등 외부 유명 IP와의 협업도 활발히 진행 중이다. 캐스트들을 위해서는 Z세대 특성을 반영한 모바일 학습 플랫폼을 만들었고, 고객 접점에서 마음을 다치기 쉬운 이들을 위한 '감정 관리' 프로그램도 운영하고 있다.

　이처럼 다양한 경험 콘텐츠의 출시와 체계적인 서비스 교육으로 '내부고객의 만족이 외부고객을 만족시키는' 선순환을 이룬 결과 칭찬 VOC는 2023년, 역대 최고인 1만6,500건을 기록했다. 이는 2022년 대비 124%나 증가한 수치다.

직원들이 보여주는 탁월한 서비스 외에 에버랜드가 가진 또 하나의 경쟁력은 차별화된 공간 구성이다. 드라이파크와 워터파크(캐리비안 베이), 동물원, 정원을 한곳에서 즐길 수 있는 테마파크는 세계적으로도 드물다. 또한 사계절의 특성에 맞는 축제가 열려 항상 볼거리가 풍성하다. 이는 전 연령층의 고객을 만족시킬 수 있는 요소를 모두 포함하고 있다는 뜻이기도 하다.

외국 관광객들이 해마다 늘고 있는 것도 이와 무관하지 않다. 2023년에만 40여만 명이 에버랜드를 찾았다. 중국, 홍콩, 싱가포르, 대만 등 동남아 지역 관광객들이 대다수를 차지하지만, 최근 들어 국적은 더욱 다양해지고 있다.

이러한 성장을 발판 삼아 에버랜드는 이제 국내를 넘어 세계적인 테마파크로의 도약을 구상 중이다. 최근에는 50년 가까이 가꿔온 에버랜드 주변의 울창한 숲과 청정한 자연환경이 새로운 인프라로 더해지면서 에버랜드의 성장 가능성을 더욱 높여주고 있다.

업계 리더로서, 고객서비스 선도 기업으로서 에버랜드가 걸어온 길은 도전과 혁신의 연속이었다. 가장 앞에 서서, 우리나라 고객만족경영사(史)에 새로운 이정표를 세우며 길을 만들어 왔다. 앞으로도 새로운 콘텐츠와 서비스에 대한 지속적인 연구 개발, 혁신 활동을 통해 고객들에게 다양한 경험을 제공할 계획이다. 서비스를 제공하는 내부직원과 서비스를 받는 고객이 모두 행복한 공간을 만들기 위한 에버랜드의 노력은 오늘도 계속된다.

에버랜드 서비스 스토리

초판 1쇄 발행   2024년 11월 29일

총괄기획	삼성물산 에버랜드리조트 Q-SHE팀
발행인	이창호
발행처	KMAC
책임편집	이상윤
홍보·마케팅	이동언, 한정연
디자인	조운희
출판등록	1990년 5월 11일 제13-345호
주소	서울시 영등포구 여의공원로 101, 8층
문의전화	02-3786-0133
홈페이지	kmacbook.kmac.co.kr

ISBN   978-89-90701-60-2

값   18,000원

잘못된 책은 구입처에서 바꾸어 드립니다.

이 책은 저작권법에 따라 보호받는 저작물이므로 무단 전재와 무단 복제를 금하며,
이 책의 전부 또는 일부를 이용하시려면 반드시 저작권자와 출판사의 서면 동의를 받아야 합니다.